EXPOSITION UNIVERSELLE DE 1855

RAPPORT

DU COMITÉ

DE L'ARRONDISSEMENT DE VALENCIENNES

Edmond PESIER, Rapporteur.

VALENCIENNES

Imprimerie de B. Henry, rue du Marché-aux-Poissons, nº 2

EXPOSITION UNIVERSELLE

DES PRODUITS DE L'INDUSTRIE

ARRONDISSEMENT DE VALENCIENNES (Nord)

CONSTITUTION DU COMITÉ

COMPTE RENDU DE SES TRAVAUX

L'article 3 du règlement général pour l'Exposition universelle porte :

> « Dans chaque département, un Comité nommé par le
> » Préfet, d'après les instructions de la Commission impé-
> » riale, sera chargé de prendre toutes les mesures utiles
> » au succès de l'Exposition, et de statuer en temps oppor-
> » tun sur l'admission et le rejet des produits présentés.

> » Il sera établi, en outre, si la Commission impériale le
> » juge nécessaire, des sous-comités locaux ou des agents
> » spéciaux dans toutes les villes et centres industriels où
> » le besoin en sera reconnu. »

L'arrondissement de Valenciennes a été jugé digne d'avoir
son Comité local. M. le Préfet du Nord, par arrêtés des 22

mai, 16 et 22 juin 1854, l'a composé de trente-quatre membres dont les noms suivent :

MM.

BÉLANGER, filateur de laine, à Fresnes-sur-Escaut.

BETTIGNIES (Maximilien de), fabricant de porcelaines, à Saint-Amand-les-Eaux.

BLANQUET (Désiré) *, membre du conseil d'administration des forges et laminoirs de Denain et d'Anzin, membre du Conseil général du commerce et des manufactures, à Famars.

BOILEAU-FRÉVILLE, fabricant de chicorée, à Onnaing.

BOUDOUSQUIÉ *, ingénieur en chef des mines, à Valenciennes.

BOUTON (Ernest), fabricant de chicorée, vice-président de la Société impériale d'agriculture, sciences et arts, à Valenciennes.

BRACQ-DABENCOURT, négociant en batistes, président de la Chambre de commerce, à Valenciennes.

CAIL (Jacques), constructeur de machines, à Denain.

CARLIER-MATHIEU *, fabricant de sucre, maire de Valenciennes.

CHEVAL, (Bonaventure), cultivateur, à Estreux.

DELAME-LELIÈVRE, négociant en batistes, à Valenciennes.

DINAUX (Arthur) *, vice-président de l'Académie de peinture, sculpture et architecture, à Valenciennes.

DUQUESNE (Achille) *, fabricant de produits chimiques et distillateur, à Valenciennes.

DURIEUX (Emile), tanneur, à Valenciennes.

GIRAUD (Alexandre), fabricant de faïences, à Onnaing.

GOUVION (Désiré), ancien membre du Conseil général, cultivateur et fabricant de sucre, à Denain.

GRAR (Edouard) *, président de la Société impériale d'agriculture, sciences et arts, à Valenciennes.

GRAR (Numa) *, raffineur de sucre, à Valenciennes.

GRAVIER, constructeur de voitures, à Valenciennes.

HAMOIR (Amédée) *, membre du Conseil général et fabricant de sucre, à Saultain.

HAMOIR (Gustave), cultivateur et fabricant de sucre, à Saultain.

HOUTARD fils, maître de verreries, à Lourches.

LEBRET (Jean) *, membre du Conseil général, associé-régisseur-gérant de la Compagnie des mines d'Anzin.

LECLERCQ (Adolphe), maître de forges, à Trith-Saint-Léger.

LEDIEU (Joseph), directeur des clouteries de Raismes.

LEMAIRE (Henri) O. *, statuaire, membre de l'Institut, député au Corps législatif, à Paris.

LEWILLE (Edouard) *, fabricant de clous, président du Conseil des prud'hommes, à Valenciennes.

MAC-DOUGALL, maître de verreries, à Anzin.

MARTIN (Adolphe), secrétaire-général de la Société impériale d'agriculture, sciences et arts, à Valenciennes.

MATHIEU (Charles) *, directeur de la Compagnie des mines de Douchy, à Lourches.

PESIER (Edmond), professeur de chimie industrielle, membre du jury médical du Nord, à Valenciennes.

PETERSBROECK (Théodore), directeur des ateliers de grosse chaudronnerie de Carion-Delmotte et Cie, à Anzin.

PIÉRARD (André) ✳, membre de l'Académie de peinture, à Valenciennes.

RENARD (Louis), membre du Conseil général, maître de verreries, à Fresnes-sur-Escaut.

Ces membres ont unanimement répondu à l'appel fait à leur dévouement et à leurs connaissances spéciales.

Le 20 juin, dans une première réunion, présidée par M. Lowasy de Loinville, sous-préfet de l'arrondissement, il a été procédé à l'installation du Comité et à la constitution de son bureau. Le scrutin ouvert pour cette dernière opération a donné le résultat suivant :

MM. Blanquet (Désiré), *président.*

    Grar (Edouard), *vice-président.*

    Pesier (Edmond), *rapporteur-général.*

    Grar (Numa),   } *secrétaires.*

    Bouton (Ernest),   }

Appelé le 4 juillet à commencer ses travaux, le Comité, dans l'espoir de mieux remplir la mission qui lui était confiée, et sur la proposition de son président, s'est partagé en quatre sections, embrassant, dans leur ensemble, toutes les catégories agricoles, industrielles et artistiques reprises au catalogue. Chaque section ayant fait choix d'un président et d'un secrétaire, s'est trouvée composée ainsi qu'il suit : (1)

---

(1) M. Edmond Pesier, rapporteur, n'a été attaché spécialement à aucune section, la nature de ses fonctions l'appelant à participer aux travaux de toutes.

Agriculture.

MM.   GRAR (Edouard), *président*.
      MARTIN (Adolphe), *secrétaire*.

      BLANQUET (Désiré).
      CHEVAL (Bonaventure).
      GOUVION (Désiré).
      HAMOIR (Amédée).
      HAMOIR (Gustave).

Métallurgie, Mécanique et Mines.

MM.   BOUDOUSQUIÉ, *président*.
      LECLERCQ (Adolphe), *secrétaire*.

      J. CAIL.
      GRAVIER.
      LEBRET.
      LEDIEU (Joseph).
      LEWILLE.
      MATHIEU (Charles).
      PETERSBROECK.

Industries diverses.

MM.   GRAR (Numa), *président*.
      DURIEUX (Emile), *secrétaire*.

      BÉLANGER.
      BETTIGNIES (de).
      BOILEAU-FRÉVILLE.
      BOUTON.
      BRACQ-DABENCOURT.
      CARLIER-MATHIEU.

MM. Delame-Lelièvre.
    Duquesne.
    Giraud.
    Houtard, fils.
    Mac-Dougall.
    Renard.

Beaux-arts.

MM.   Dinaux, *président*.
      Piérard, *secrétaire*.

      Lemaire.

Ces sections se sont immédiatement mises à l'œuvre. Se pénétrant de l'esprit qui a présidé à la rédaction des circulaires de la Commission impériale, elles se sont empressées de visiter les directeurs d'usines, les chefs d'ateliers, afin de leur expliquer le but et la portée de l'Exposition, et, si besoin était, de les inviter à y prendre part. Mais, nous avons hâte de le dire, la plupart étaient à l'œuvre, se disposant à soutenir, dans la mesure de leurs forces, la réputation que la France s'est acquise si légitimement dans le monde agricole, industriel et artistique. D'autres, sous l'inspiration du Comité, se réunirent en groupe. Enfin le bon vouloir de tous se traduisit par 167 inscriptions sur le registre ouvert pour les recueillir.

Le Comité croyait avoir à se féliciter de ces dispositions dans un pays où l'amour inné du travail, l'habitude de bien faire, n'admettent point l'ostentation, où la modestie tient trop souvent à l'écart ceux qui devraient naturellement surgir; où une sorte de fraternité entre les concurrents rend le progrès commun, et permet difficilement d'apprécier à sa juste valeur le mérite individuel. Sa position est devenue délicate, embarrassante, le jour où, par suite de l'espace réservé à la France, il s'est vu obligé de confiner, dans une étendue de

120 mètres carrés, tous les produits remarquables de sa circonscription, alors que trois exposants (la Compagnie des mines d'Anzin, MM. Cail et Cie et M. Gustave Hamoir) considéraient comme indispensable pour eux seuls une superficie plus grande.

Ces difficultés se sont peu à peu aplanies, grâce aux démarches actives de l'honorable président M. Blanquet, et des secrétaires, grâce aussi au bon vouloir de MM. les organisateurs du Palais de l'industrie. Les produits encombrants ont trouvé leur place ; la maison Jacques Cail et J.-F. Cail et Cie, de Denain, a obtenu son terrain à côté des produits similaires de la maison J.-F. Cail, de Paris. Le spécimen des houillères d'Anzin a été notablement réduit sur une de ses dimensions et accepté exceptionnellement ; d'autres réductions sérieuses, importantes et toujours regrettables, ont été opérées. Quelques éliminations ont dû avoir lieu; 155 exposants ont été admis ; l'abstention de sept d'entre eux a ramené leur nombre à 148, en comptant individuellement les distillateurs et les fabricants de sucre réunis en groupe. Le Comité n'avait pas à se prononcer sur la valeur des objets d'art destinés à l'Exposition, il a dû se borner à faire appel aux artistes et à servir d'intermédiaire pour l'envoi de leurs œuvres.

Interprétant sa mission auprès du jury international, ses devoirs envers les exposants de sa circonscription, le Comité local a pensé que son rôle ne consistait pas uniquement à fournir la nomenclature des industriels et des agriculteurs admis. Il a compris que s'il ne lui appartenait pas d'établir des comparaisons entre leurs mérites, il devait énoncer les motifs de leur admission, leurs véritables titres à la bienveillance du jury, et apporter, par ses déclarations, l'assurance que les produits présentés n'ont pas été exceptionnellement fabriqués ou choisis pour une exhibition.

L'intention du Comité avait été de profiter du concours momentané des hommes de toutes les spécialités professionnelles qui le composent, pour établir une statistique complète agricole et industrielle de l'arrondissement de Valenciennes. Il avait été décidé que chacun des membres apporterait sa part de documents selon la nature de ses occupations ordinaires; mais des obstacles de tous genres, que le gouvernement parvient à peine à surmonter avec les moyens d'action dont il dispose, ont fait abandonner ce projet. Le rapporteur est resté chargé du soin de rechercher, de rassembler toutes les données utiles et de les faire entrer dans le cadre de son travail.

Pour satisfaire à ces obligations, concilier les vues du Comité avec la crainte de présenter au jury un rapport trop étendu et répondant mal à des recherches précipitées, nous avons cru devoir suivre scrupuleusement la classification du catalogue; nous avons fait précéder chaque classe de considérations générales sur les industries qui y sont comprises, et nous avons cherché à présenter tout d'abord un aperçu des forces productives de l'arrondissement, en indiquant leur origine, leurs vicissitudes et leurs progrès.

Le rapport sera donc divisé en deux parties:

1° *Importance de l'arrondissement de Valenciennes :* — AGRICULTURE, — INDUSTRIE, — BEAUX-ARTS ;

2° *Exposants :* — GÉNÉRALITÉS PAR CLASSE, — TITRES INDIVIDUELS.

IMPORTANCE

DE L'ARRONDISSEMENT DE VALENCIENNES.

Agriculture, — Industrie, — Beaux-Arts.

Abstraction faite de l'influence que les idées religieuses, que la civilisation peuvent exercer sur les mœurs et sur le caractère des peuples, le climat imprime à l'homme un cachet particulier, bien saisissable pour les observateurs les moins attentifs. Le frottement, que la multiplicité des relations engendre aujourd'hui, parvient à peine à modifier des nuances de caractère, résultant des habitudes locales.

De tout temps les habitants du nord de la France ont été reconnus comme patients, laborieux, entreprenants, actifs, persévérants et doués d'une certaine aptitude pour les arts.

Tels se sont montrés nos ayeux. On les a vus aussi attachés au sol que jaloux de leurs droits et de leurs franchises; amateurs des beaux-arts, guerriers intrépides, commerçants habiles, manufacturiers intelligents. Comme nos ayeux, nous aimons à cultiver les sciences, les lettres et les arts; comme eux, nous savons procurer au pays ses produits de première nécessité. Comme eux aussi nous tenons à honneur d'appartenir à la *bonne et franke* ville de Valenciennes. Qu'on nous pardonne donc de céder à un sentiment de patriotisme local, profondément enraciné ici dans tous les cœurs, et de nous montrer fiers de ce qu'ont été nos pères et de ce que nous sommes.

Peut-on nous reprocher d'être fiers, petite bourgade de 20,000 âmes, de voir trois fauteuils de l'Institut de France occupés par trois enfants de Valenciennes? Au chroniqueur Froissart répond l'historien Wallon ; la cité des Pater, des Saly, des Watteau est aussi celle des Lemaire, des A. de Pujol.

Peut-on nous reprocher d'être fiers de compter six grands prix de Rome, mérités par des artistes sortis de nos académies (1), d'entendre presque chaque année proclamer un nom valenciennois parmi les lauréats du Conservatoire de musique (2), et de retrouver tous nos concitoyens à la tête des représentants de l'exécution musicale de Paris?

Peut-on enfin nous reprocher d'être fiers, et de le dire, d'appartenir à l'un des arrondissements les plus manufacturiers de France, à l'un des arrondissements où l'agriculture est la plus productive de l'Europe?....

Noblesse oblige. Ces souvenirs, cette démonstration ne peuvent que nous maintenir dans des idées de progrès sans lesquelles, malgré toutes les protections douanières, l'industrie tombe bientôt en décadence.

L'arrondissement de Valenciennes a été formé en 1824 d'une partie de celui de Douai. Il comprend 62,978 hectares, divisés entre 81 communes ; sa population est de 158,481 habitants.

Avant la loi de 1790 qui divisa la France en 83 départements, Valenciennes était, depuis 1716, la capitale de l'Intendance (département) du Hainaut.

Louis XIV, en s'en emparant, avait rattaché son territoire à

---

(1) Saly, en 1740 ; — Milhomme, en 1800 ; — Abel de Pujol, en 1811 ; — H. Lemaire, en 1821 ; — G. Crauk, en 1852 ; — Carpeaux, en 1854.

(2) Th. Tilmant, en 1819 ; — Mlle Dorus, en 1822 ; — Boulard, en 1843 ; — Casteignier, en 1845 ; — J. Mohr, en 1847 ; — Mlle Luez, en 1848 ; — Degaugue en 1850.

celui de la Flandre Gallicane (1677). Avant cette époque, chef-
lieu d'un des deux Comtés du Hainaut, Valenciennes appartenait à l'Espagne depuis l'abdication de Charles-Quint (1556).
Ce Comté avait conséquemment fait partie de l'empire ; il avait
été, aussi, successivement, par mariages, par conquêtes ou par
héritage, l'apanage des ducs de Bourgogne (1433) , des maisons de Bavière (1356) , d'Avesnes (1280) , de Flandre (1070),
sous le gouvernement de Comtes suzerains ou indépendants.

Sans qu'il soit besoin de remonter aussi haut, nous pouvons
cependant faire remarquer que, dès le onzième siècle, Valenciennes était déjà une ville importante , forte , et plus peuplée
qu'elle ne l'est aujourd'hui. La peste avait pu lui enlever , l'an
1008, au moins huit mille habitants ; un incendie à la naissance
du valenciennois Baudouin (1171), qui fut plus tard Empereur
de Constantinople, avait pu détruire mille maisons sans la ruiner. Elle avait pu fournir aux Croisades les troupes les mieux
équipées , sans paraître apauvrie ; elle avait su résister aux
armes de Marguerite (fille de Baudouin de Constantinople) aidée
de la France, et déjà au treizième siècle son commerce était
assez considérable pour qu'elle entrât dans une de ces ligues
formées pour la protection de ses intérêts commerciaux : la
Hanse de Londres.

Pendant la durée du quatorzième siècle, malgré la guerre ,
la famine , les épidémies et des calamités de tous genres , la
prospérité de son commerce ne fit que s'accroître ; et cela à tel
point qu'au commencement du quinzième, Valenciennes, terme
de la navigation fluviale de l'Escaut, était devenue pour ainsi
dire l'arrière-port d'Anvers, un vaste entrepôt d'où les produits étrangers se répandaient dans le reste du Hainaut, dans
l'Artois, dans le Cambrésis et en Picardie. Plusieurs de ses
habitants avaient atteint un degré de fortune qui n'appartient
d'ordinaire qu'aux maisons princières. Cette richesse commer-
ciale n'étonne plus quand on connaît les causes qu'en donnent
Briavoine et d'Oultreman. Pour ces historiens, le génie industrieux des habitants, les droits et les franchises dont ils jouis-
saient, et qu'ils savaient souvent faire respecter par leurs Comtes les armes à la main ; les édits portés pour favoriser le

commerce ; la considération accordée individuellement aux marchands, considération telle que les nobles fesaient le commerce sans décheoir et s'honoraient du titre de bourgeois de Valenciennes, étaient autant de germes féconds qui produisirent d'heureux fruits.

Quoique principalement commerçants, dans le moyen âge, nos ancêtres ne se montraient pas cependant inhabiles comme industriels. Sans parler de la fabrication des monnaies qui était pour Valenciennes un de ses plus anciens priviléges et dont elle jouit jusqu'en 1495, vers l'an 1300 avait commencé la fabrication de ces fins tissus de lin, connus sous le nom de *batistes*, fabrication si parfaite qu'attachée au sol qui l'a vu naître , elle reste jusqu'ici sans rivale dans le monde entier. Le tissage de la laine, pratiqué par les Nerviens , sous la domination Romaine , étouffé par les invasions des Barbares , repris sous Charlemagne, était des plus florissants à Valenciennes vers le milieu du quinzième siècle ; la production des étoffes désignées sous les noms de *pannes*, *serges*, *camelots*, *reversés*, *changeants*, *gros grain*, *bourracans*, y occupait plus de 5,000 métiers. La laine brute expédiée par les Anglais leur était renvoyée manufacturée ! ! Les tapisseries de *haute lisse* de Jean Leclercq étaient au seizième siècle connues dans tous les Pays-Bas, là où François I⁰ʳ demandait ses ouvriers en fondant, en France , la première manufacture royale de ces brillants tissus. A la même époque, Jacques Perdry dirigeait à Valenciennes une importante fonderie de bronze et de canons.

Enfin on est forcé de reconnaître que le commerce , les beaux-arts, l'industrie, la civilisation étaient des plus avancés dans nos contrées. C'est Valenciennes qui de toutes les villes du Nord posséda la première imprimerie (1499). C'est sous Jeanne de Flandre, à la cour du Hainaut , dont la résidence était le plus souvent au palais de la Salle-le-Comte , à Valenciennes, que les pièces diplomatiques furent, pour la première fois écrites en langue française, alors que la chancellerie de France les rédigeait encore en latin.

Que fallut-il pour paralyser cette activité et arrêter ce déve-

loppement intellectuel ? Le règne de Philippe II, le duc d'Albe
et l'Inquisition.

D'ordinaire lents à changer d'opinion, mais ardents à défen-
dre celle qu'ils ont embrassée, les Valenciennois avaient fini par
céder à l'entraînement général vers les doctrines de Luther.
Malgré tous les obstacles, malgré les sévérités du gouvernement espagnol, peut-être même à cause de ces entraves, les
idées nouvelles pénétrèrent profondément dans les masses.
« Valenciennes fut l'une des premières villes des provinces
unies qui leva l'étendart en faveur du protestantisme. » (1)

Les ministres de la réforme virent s'augmenter tellement le
nombre de leurs partisans, que douze mille personnes assistaient
aux prêches tenus quotidiennement au marais de l'Épaix et au
mont d'Anzin. Une lutte, une guerre, guerre de religion la plus
terrible, était inévitable, elle fut cruelle. Deux fois prise d'as-
saut, livrée pendant huit jours au sac d'une soldatesque effrénée,
la ville vit ses richesses enlevées, son industrieuse population
décimée (1567).

Bientôt après, les persécutions commencèrent ; les ouvriers
drapiers n'hésitèrent pas à chercher auprès de leurs coréli-
gionnaires de Hollande et d'Angleterre un refuge assuré. C'est
ainsi que les Anglais obtinrent une industrie que deux siècles
d'efforts n'avaient pu leur procurer. La fuite des ouvriers,
l'exécution de plus de trois cents des principaux bourgeois,
l'émigration des autres, achevèrent de ruiner le pays. (2)

---

(1) *Topographie historique et médicale de Valenciennes* par M. le docteur
A. Stiévenart.

(2) « Ni le génie, ni le talent, ni les services rendus ne trouvent grâce devant
le farouche tribunal de sang. Entre autres pertes regrettables on peut citer : « le
» 25 août 1568 on exécute un certain individu nommé Carpentier, homme de
» grand esprit et de petite stature, lequel avait fait le *moulin propre à scier le
» bois*, hors de la porte Tournaisienne. » *Hist. part. des troubles de* Doudelet.
Le 18 janvier 1569, Jean Leclercq est décapité sur le marché.

A la même époque Isaac Lemaire, l'un des plus riches négociants de Valenciennes, se retira en Hollande. Ne pouvant expédier ses vaisseaux aux Indes ni par
le Cap de Bonne-Espérance, ni par le détroit de Magellan, à cause du privilége
de la compagnie des Grandes-Indes, il conçut le projet de trouver un autre passage. Son fils Jacques y réussit en contournant le continent entier de l'Amérique
pour entrer dans le Grand Océan. Le passage cherché fut découvert en 1616 et
reçut le nom de *Détroit de Lemaire* qu'il porte encore aujourd'hui.

De ce moment, la guerre civile, l'intolérance religieuse, les sacrifices que les Espagnols durent faire à l'Angleterre des intérêts Belges et surtout le traité de Munster (1648) qui annula au profit des Hollandais la navigation de l'Escaut, anéantirent presque d'une manière absolue tout mouvement commercial et industriel. C'est cependant dans cette période de décadence, vers 1600, que deux ingénieux citoyens parvinrent à créer avec le lin, cultivé, récolté, roui, filé dans le pays, ces admirables, ces *éternelles* dentelles, dites de Valenciennes. Cette invention ne témoigne-t-elle pas, une fois de plus, de l'esprit industrieux qui animait nos ancêtres? N'était-ce pas merveilleusement tirer parti de la misère générale, que de consacrer à une production inimitable un temps et un talent qui ne trouveraient pas leur rémunération dans des localités où les bras sont occupés. (1)

La guerre se perpétuait dans notre malheureux pays. En 1656, Turenne et La Ferté avaient en vain entrepris l'investissement de Valenciennes.

En 1677, Louis XIV apparut en personne et s'empara presque par enchantement de cette forteresse. La guerre continua néanmoins sur notre territoire jusqu'au traité d'Utrecht que la victoire de Denain permit de conclure (1713). La conquête ne pouvait être qu'une calamité pour les vaincus ; les finances de la ville furent épuisées pour solder la construction d'une citadelle ; les impôts atteignirent tous les citoyens ; les proscriptions furent maintenues contre les enfants de ces négociants, de ces artistes, de ces industrieux ouvriers, protestants fugitifs, qui existaient en pays étranger (2) ; la désastreuse révocation de l'édit de Nantes (1685), dont les arrêts de 1665 et 1667 avaient été le prélude, reçut son application (3). C'était assez

---

(1) Il ne faut pas moins de sept ans pour former une bonne dentellière ; le travail est des plus lents, et, malgré le haut prix affecté à *la vraie valenciennes*, ce prix est encore insuffisant pour payer la main d'œuvre au taux actuel.

(2) Dieudonné, *statistique du département du Nord* (1804).

(3) Ces arrêts portaient que les nationaux qui professaient le calvinisme seraient exclus de tout commerce, fabrique ou manufacture. (*Dieudonné.*)

de rigueur pour entretenir la torpeur du commerce et de l'industrie locale. L'intendant Dugué-Bagnols, dans son rapport, en 1698, signale le malaise général, fait remarquer qu'on ne compte plus à Valenciennes que des métiers à batiste, cent métiers à tisser les étoffes de laine, et constate l'existence à Prouvy d'un moulin à poudre fournissant aux besoins de la guerre jusqu'à *300 milliers* par an. Philippe de May est cité comme produisant en 1681 des tapis de *haute lisse* sur les dessins du peintre *Gérin*. C'étaient là les seuls éléments de commerce et de fabrication d'une ville qui avait été si florissante!...

Le XVIIIe siècle n'est pas seulement mémorable pour Valenciennes par l'adjonction définitive de son territoire à la France; il a vu s'ouvrir pour sa prospérité une ère nouvelle, ère de progrès industriels, dont les résultats dans l'avenir sont incalculables.

La houille était exploitée dans le Hainaut belge ; quelques hommes d'expérince, riches, persévérants, excités par l'exemple des Montois, par le désir de procurer à une verrerie établie à Fresnes, en 1717, le combustible qui lui arrivait chargé des droits du gouvernement français, se mirent à l'œuvre. Les recherches de houille furent poursuivies avec ardeur. Plusieurs années de peines infinies et de sacrifices énormes furent couronnées par la découverte du charbon de terre à Fresnes en 1720, à Anzin en 1734.

L'exploitation de ces mines fécondes devint la cause d'améliorations générales, l'origine d'une transformation complète dans la nature des produits du pays.

La peinture si intéressante de la Prévoté-le-Comte, (gouvernement de Valenciennes), savamment et laborieusement faite par M. Ed. Grar, est saisissante (1). Avant l'apparition de la houille, les campagnes étaient presque désertes; les voies na-

---

(1) *Histoire de la recherche, de la découverte et de l'exploitation de la Houille dans le Hainaut*, etc.

vigables étaient devenues inutiles ; les routes en terre, négligées,
étaient impraticables l'hiver ; les chaussées de Saint-Amand et
de Famars étaient les seules pavées, entretenues *curieusement,*
dit notre historien d'Oultreman, à cause de leur ancienneté ;
les terres de Condé, celles de Vieux-Condé, d'Hergnies n'étaient
que des sables incultes.

Dès 1726 on commence à établir des routes pavées ; le duc
de Croy fait les frais de quelques-unes d'entre elles, et successivement l'on en voit apparaître de nouvelles ; la navigation de
l'Escaut est rétablie, alimentée ; de nouveaux débouchés, par
eau, sont créés. Les voies de communication, qui concourent
si puissamment à la richesse des contrées où elles abondent,
ne sont plus seulement dans les intérêts de l'Intendance du
Hainaut, elles deviennent plus nécessaires encore aux localités
voisines où le combustible fait défaut. Toutes les influences
tendent donc à les multiplier.

Les campagnes acquièrent peu à peu de l'importance , la
ville perd de la sienne. Toute une population ouvrière de Charleroi vient se grouper autour des puits d'extraction.

Les charges énormes que les octrois font peser sur les habitants, ont aussi pour effet de faire sortir de Valenciennes un
grand nombre d'artisans, obligés de chercher au dehors de
meilleures conditions d'existence. La population de la ville
décroît graduellement, à tel point qu'en moins de 30 ans on
constate, en 1778, une réduction de 10 à 12,000 âmes (1). A
cette époque, le tissage de la laine a disparu ; les vexations
ont achevé d'éloigner d'une manière absolue de nos murs la
fabrication très en vogue des *bourracans,* pour en enrichir les
villes d'Abbeville, d'Amiens, de Rouen, où l'on tissait alors
de ces étoffes, *façon valenciennes* (2). 1,000 à 1,100 ouvriers

---

(1) Mémoire manuscrit appartenant à notre érudit et savant bibliophile M. A.
Dinaux, sur le commerce qui se fait dans la direction générale des fermes de
Valenciennes.

(2) Rapport sur le commerce de Valenciennes. (*Nicodème.*)

et ouvrières, répartis entre douze blanchisseries du faubourg
de Paris, y trouvent dans le blanchissage des batistes, principalement pour Cambrai et pour Saint-Quentin, une occupation
profitable, entretenue par une supériorité d'exécution marquée.
De 6,000 métiers à batistes, que Valenciennes avait pu compter
dans son enceinte, 200 seulement fonctionnent et ne produisent
que 3,000 pièces de tissu des 70,000 vendues par les négociants. Une manufacture de serviettes, de linge de table, fondée
à l'Hôpital général, à l'instar de celle de Courtrai, fabrique
toujours en perte à cause de la fraude et du défaut de protection. La filature de lin fournit pourtant encore la matière première à 2,000 dentellières. Les marchands sont tributaires de
ceux de Lille pour les produits de première nécessité, le commerce de détail est presque nul. La misère est générale en ville.

La fortune était cependant à ses portes. La houille, cette
matière qui recèle le germe de la plupart des productions industrielles, devait, mise au jour, enfanter des prodiges. Ce
n'est cependant qu'avec une lenteur excessive que l'industrie
apparaît et grandit. Les embarras d'une administration à établir dans un pays conquis ne permettent que lentement des
créations utiles ; la gêne universelle permet difficilement aux
citoyens de se livrer à de nouvelles entreprises.

Sous le nom de manufacture royale s'élève, en 1756, un
établissement de clouterie considérable à Marly (1). On y fabriquait des chaînes, des clous de toute espèce, dont les ports de
Dunkerque, du Havre, de Bordeaux, de Nantes s'approvision-
naient pour le commerce des colonies. De 400 ouvriers qu'elle
avait occupés, en 1778 elle n'en emploie plus que 200. La
difficulté d'obtenir la matière première dans de bonnes conditions, l'impôt dont le fer qui l'alimente est frappé à la sortie
de Liége, la concurrence que les négociants de la Champagne
et du Soissonnais soutiennent avec trop d'avantages en recou-
rant à la fraude, rendent ses opérations difficiles.

---

(1) C'est dans cette même commune, véritable faubourg de la ville, qu'il était
défendu aux bourgeois de Valenciennes, pourtant si fiers de leurs libertés, d'aller
boire pour ne pas nuire aux octrois de leur ville.

2.

En mai 1784, Lamoninary avait fondé à Valenciennes une fabrique de porcelaine dure, occupant 88 ouvriers. Ses produits remarquables par la finesse de la pâte, par leur blancheur, se distinguaient autant par leur perfection comme objets d'art, que par leur bas prix comme pièces d'utilité domestique. *Le premier en France*, Lamoninary a réalisé et appliqué d'une manière continue et très-profitable, pendant dix années, un perfectionnement qui n'a été reproduit et définitivement adopté qu'en 1846, *la cuisson de la porcelaine à la houille* (1).

En 1789, une manufacture occupait, à Saint-Amand, à la fabrication des faïences, 40 ouvriers, et atteignait annuellement un chiffre d'affaires de 150,000 francs. A la même époque, Valenciennes possédait deux fabriques de poteries en terre, une raffinerie de sucre, une fabrique de chapeaux, une autre de cartes à jouer, une manufacture de tabac. Un même directeur exploitait à Fresnes deux verreries, dont partie des produits s'exportait aux colonies françaises d'Amérique. Saint-Amand, Bouchain, Valenciennes avaient ensemble dix raffineries de sel ; sur le territoire actuel de l'arrondissement on comptait neuf fabriques de savon mou à base de potasse ; Mallet, pharmacien, avait établi à Saint-Saulve une fabrique de sel ammoniac ; la bonneterie, presque exclusivement fabriquée à Saint-Amand, occupait 160 ouvriers et 1350 ouvrières faisant le tricot à la main. Il ne restait plus à Valenciennes que 389 métiers battants en batistes, 55 en linons, 24 en gaze ; 1,000 dentellières seulement soutenaient la réputation locale. La Compagnie des mines d'Anzin, avec 4,000 ouvriers, livrait à la consommation 3,750,000 quintaux métriques de houille. Cette rapide énumération ne suffit-elle pas pour montrer les tendances nouvelles ?

La révolution de 1789, la guerre civile, non moins terrible

---

(1) Le travail a cessé dans cet établissement le 1er juillet 1794, jour du départ forcé du citoyen Lamoninary, condamné à mort le 3 septembre 1793, pour avoir rempli les fonctions de prévôt de la ville lorsque les Autrichiens y étaient.

(*Dieudonné.*)

dans ses excès que celle qu'amène une fausse interprétation des sentiments religieux, les émigrations que la terreur de l'approche de Lebon occasionnèrent, les exécutions qui s'accomplirent plus tard, sapèrent au berceau toutes ces industries naissantes. En 1793, un bombardement de 43 jours et de 43 nuits, pendant lequel les canonniers bourgeois de Valenciennes montrèrent, dans la défense de leurs remparts, les vertus héroïques de leurs pères, écrasa sous une grêle de 300,000 bombes, boulets et obus la plupart des édifices publics, le quart des maisons particulières.

La ville ne fut pas seule à souffrir, toutes les localités environnantes eurent aussi leur part de désastre à supporter. Les clouteries de Marly furent incendiées par les Autrichiens, les puits d'extraction des houillères comblés, les fabriques de faïences de Saint-Amand dévastées.

Une épreuve aussi rude nous rejette de nouveau en arrière. La révolution alimente à Saint-Saulve une fonderie chargée de traiter le métal des cloches venant des départements du Nord, des Ardennes et de l'Aisne ; mais, des anciennes manufactures du pays, quelques-unes reçoivent un coup dont elles ne se relèvent plus. La fabrication des batistes et des dentelles s'éteint. Les clouteries de Marly, à peine relevées, succombent plus tard sous le canon même de la place, pendant le nouveau siége de 1815.

Heureusement le travail, l'activité sont dans les mœurs des habitants de nos contrées : les données de l'histoire comme les faits contemporains le prouvent. De tout temps, quand la guerre a laissé un peu de repos, le génie du commerce et de l'industrie a pris son essor.

L'Agriculture et l'Industrie s'enchaînent dans cet arrondissement. C'est l'une par l'autre qu'on les a vu progresser ; elles l'ont fait si largement que nous n'oserions point entreprendre de suivre pas à pas leur marche de plus en plus assurée.

L'Escaut avait fait de Valenciennes un centre de commerce ;
la houille et la betterave devaient en faire un pays éminemment
industriel. Mais si la houille a concouru au développement et
à la prospérité de nos usines, la betterave n'a pas moins servi
l'agriculture que l'industrie ; la chicorée lui est venue puissamment en aide.

C'est à Onnaing-lez-Valenciennes, en 1798, que Giraud *intro-
duisit la chicorée en France*. La betterave champêtre, dont la
graine avait été envoyée dans le nord, en 1784, par le gouvernement, avait un peu familiarisé à la culture de la betterave à
sucre, lorsqu'en 1811, Napoléon 1er créa, par sa puissante volonté, la fabrication du sucre indigène. Ces deux plantes, malgré
la répulsion qu'elles ont inspirée longtemps aux cultivateurs,
aux propriétaires, qui les frappaient de proscription , en les
soupçonnant capables d'épuiser le sol, et, que l'intérêt industriel seul a soutenues, ont cependant conduit dans l'arrondissement à la suppression absolue des jachères. La nature
de leurs racines pivotantes, les soins, les sarclages que leur
culture exige, les engrais qu'elles réclament, la richesse
qu'elles apportent, ont produit, malgré toutes les présomptions,
des récoltes plus abondantes dans les cultures qui leur succèdent.
Les allégations intéressées des adversaires de la sucrerie indigène n'ont pu détruire un fait avéré, prédit par Chaptal, c'est
que la betterave a accru le rendement en blé de nos terres de
plus *d'un dixième*. L'intelligence, les ressources pécuniaires,
la prévoyance que les industriels apportent dans la pratique
agricole, l'initiative qu'à su prendre, toujours à propos, la
Société d'agriculture de l'arrondissement , les récompenses
qu'elle décerne , ont conduit à un résultat des plus saillants ,
qui mérite de fixer l'attention : une production moyenne ,
dans une grande culture, de 42 hectolitres de blé à l'hectare,
et de 60 hectolitres pour des pièces de terre isolées ! Existe-t-il
un pays où le sol arable soit plus productif ?

La betterave est donc loin d'avoir nui, ainsi qu'on l'a pré-
tendu, à la production du froment. Sur une superficie de
42,952 hectares en terres labourables on en cultive 23,764 en
céréales, dont 14,804 en froment. En 1839, ce nombre n'était

que de 12,673. La moyenne des récoltes en froment est admise pour le département de 22 hectolitres à l'hectare ; elle est de 28 à 30 pour l'arrondissement de Valenciennes.

C'est bien aussi à la betterave que notre région doit de se trouver classée en première ligne par le nombre de têtes de bétail qu'on y entretient ; on y compte environ une tête de bétail pour 140 ares du domaine agricole, et il est facile de subvenir à la nourriture de ces animaux. Indépendamment des pulpes, des foins provenant de 5,886 hectares de prairies naturelles, on cultive encore 5,000 hectares en prairies artificielles ; leur produit moyen s'élève au chiffre remarquable de 47 quintaux 25. On peut juger par ces données statistiques des qualités du sol et de l'esprit d'observation des hommes qui l'exploitent.

Une multitude de rivières ou de ruisseaux qui se croisent sur notre territoire ont contribué de tous temps à la fertilité des terres, et ont été utilisées pour donner le mouvement à un assez bon nombre d'établissements. Ces principaux cours d'eau sont :

L'*Escaut* qui entre dans l'arrondissement en avant d'Hordain et en sort près de Maulde ; la *Scarpe* qui se réunit à l'Escaut à Mortagne ; la *Hayne* qui s'y jette à Condé ; la *Sensée* à Bouchain ; la *Selle* qui passe à Haspres et se réunit aussi à l'Escaut à Denain ; la *Rhônelle* dont le confluent est à Valenciennes ; l'*Ecaillon* qui a le sien à Prouvy ; l'*Hogniau* qui venant de la forêt de Mormal passe à Sebourg, à Crespin et se jette dans la Hayne au-dessous de Condé ; enfin l'*Elnon* qui se jette dans la Scarpe près de St-Amand.

Les canaux creusés pour le desséchement ou pour la navigation, les routes, les chemins de fer, ont étendu notre domaine. La création d'une succursale de la Banque de France, l'établissement d'un entrepôt ont augmenté nos ressources, facilité nos transactions. Ces travaux, ces institutions, que l'on peut considérer aussi bien comme cause que comme conséquence de notre prospérité industrielle, n'en témoignent pas moins de l'importance de l'arrondissement de Valenciennes.

Cette importance actuelle nous allons chercher à l'établir.

Chemins. — Il existe dans notre circonscription 468 kilomètres, 775 mètres de voies de communication, tant par eau, par chemin de fer que par terre, en ne tenant pas compte, bien entendu, des chemins vicinaux ordinaires en terrain naturel. Présenter le tableau des chemins de l'arrondissement à vingt années d'intervalle, c'est montrer combien l'administration supérieure l'a trouvé digne de sa sollicitude.

	En 1835	En 1855
	kil. m.	kil. m.
Chemins de fer..................	» » —	44 750
Routes impériales..............	82 700—	82 700
id. départementales..........	9 200—	50 420
Chemins vicinaux de g^{de} communication	17 950—	70 650
id. d'intérêt commun...	» » —	12 450
id. de débouché.......	2 780—	54 155
id. ordinaires........	11 750—	88 300

Ces chiffres n'ont pas besoin de commentaires ; des 84 communes de l'arrondissement, il n'en reste plus que 11 à relier avec les autres d'une manière permanente, c'est-à-dire par des routes pavées ou empierrées pour que toutes, jusqu'aux moins importantes, aient leurs débouchés assurés.

Canaux. — Après la réunion de son territoire à la France, Valenciennes, qui avait été le point de départ de la navigation pour Anvers, devint également le point de départ de celle que le gouvernement rétablit. L'Escaut, par la Scarpe et la Deûle, assura nos communications avec Douai, Arras et Lille ; des canaux de jonction entre la Haute et la Basse-Deûle, entre Aire et Saint-Omer établirent nos relations, par l'Aa et le canal de Bourbourg, avec Calais et Dunkerque. Valenciennes avait alors un port à l'endroit même où est aujourd'hui la station du chemin de fer du Nord. A la fin du siècle dernier, on canalisa un bras de l'Escaut et l'on poursuivit cette canalisation jusqu'à Cambrai , enfin sous l'Empire fut terminé le canal de Saint-Quentin, qui nous mit en rapport avec Paris. Il ne manque plus à nos débouchés par eau que le canal projeté par l'Etat , depuis 1784, canal qui doit joindre la Sambre à l'Escaut, conséquemment rapprocher les houillères du bassin de Valenciennes des mines de fer de l'arrondissement d'Avesnes, et faciliter les moyens de relier Dunkerque au Rhin.

En 1835 , la longueur des canaux navigables dans l'arrondissement était de 70 kilom. 180 m., elle n'est plus en 1855 que de 68 kilom. 350 m. ; ce faible raccourcissement provient de redressements nécessairement avantageux.

Succursale de la Banque de France. — Ces nombreuses voies de communication, en diminuant les frais de transport, ont élargi le cercle de nos relations : la Banque de France, en créant un comptoir à Valenciennes, a singulièrement augmenté nos ressources et servi nos intérêts commerciaux.

Le relevé des comptes-rendus annuels du gouverneur à l'assemblée générale des actionnaires présente, en faveur de l'arrondissement de Valenciennes, les faits les plus éloquents. Il montre que la succursale de Valenciennes , dont les opérations ont commencé le 12 juillet 1847, tient toujours le quatrième ou cinquième rang parmi ses émules, si on les classe dans l'ordre d'importance de leurs opérations financières. Elle marche à la suite de celles de Marseille, de Lyon, de Bordeaux et de Lille. Presque toujours, depuis sa fondation, elle a occupé le premier rang sous le rapport des bénéfices qu'elle procure. Comme on est en droit d'imputer exclusivement aux besoins de la localité, au mouvement d'affaires du pays, les résultats que nous constatons, la reproduction de ces chiffres fera bien sentir, en ayant égard aux moments de crise qui ont suivi les événements de 1848, la prospérité toujours croissante, le développement incessant de nos industries.

Années.	Montant des opérations.
1847 (du 12 juillet au 31 décembre.)	13,818,000 fr.
1848	48,814,000
1849	44,961,000
1850	43,099,145
1851	48,891,000
1852	76,836,000
1853	103,084,000
1854	127,840,000 (1)

Les 34 succursales de la Banque de France, fondées dans les départements, participent pour plus de moitié aux opérations financières de cette institution. En 1854, leurs opérations se sont élevées à la somme de 2,160,924,000 fr., celle de Valenciennes à 127,840,000 fr.; elles ont ensemble produit un bénéfice net de 7,421,526 fr., la Banque de Valenciennes seule l'a donné de 882,877 fr. N'est-il pas curieux de voir le comptoir de Valenciennes atteindre à peu près *le dix-septième* du chiffre d'affaires de toutes les succursales et environ *le huitième* des bénéfices qu'elles réalisent ?

Entrepôt. — Un entrepôt pour les sucres indigènes, ouvert le 25 novembre 1851, rend à l'une des principales industries du pays de véritables services.

Il a reçu pendant les campagnes
| 1851—52 : 51,272 sacs de sucre ou 5,127,200 kos. |
| 1852—53 : 58,853 — 5,885,300 |
| 1853—54 : 91,747 — 9,174,700 |

c'est-à-dire presque autant de sucres que celui de Lille qui fonctionne depuis 1847.

Le système des *warrants* est appliqué aux sucres entreposés. Par décret du 5 avril 1852, la Chambre de commerce de Va-

---

(1) Le premier semestre de 1855, dont les résultats nous parviennent, suit la même marche ascendante. Il présente encore un accroissement de 7,570,009 fr. 57 sur le semestre correspondant de 1854.

lenciennes est autorisée à joindre à cet entrepôt celui des marchandises étrangères. Sans les entraves qui proviennent de ce que la législation française ne fait pas dépendre les différents entrepôts d'une seule administration, comme cela a lieu en Belgique et en Angleterre, l'exécution aurait déjà suivi l'autorisation. L'intérêt le commandait : de 93 millions de kilog. de marchandises entreposables venant de Belgique en France, tant par terre que par mer, 15 millions entraient par Valenciennes en 1850 ; il en est venu par cette voie 30 millions en 1854.

Appareils à vapeur. — Le nombre et la force des appareils à vapeur au service de l'industrie sont bien de nature à montrer l'activité qu'elle déploie.

Des quatre-vingt-six départements de la France, c'est le département du Nord qui possède le plus de machines à vapeur, le plus de force-vapeur, le plus de chaudières motrices. A lui seul il emploie le *cinquième* des forces et des appareils à vapeur répartis dans la France entière. Son importance, à ce point de vue, est telle que les départements qui s'en rapprochent le plus ne présentent ni la moitié du nombre des appareils qu'on y entretient, ni la moitié de la puissance de ceux qui y fonctionnent. La progression que suivent les chiffres annuels concernant les appareils à vapeur, démontre aussi, en la comparant à celle de la France, combien est grande l'impulsion donnée dans le Nord au développement industriel.

La statistique officielle de l'Administration des mines permet d'établir ces faits d'une manière tranchée. Voici les données que nous en extrayons et qui les justifient :

Appareils et Machines fixes a vapeur (1).

		Chaudières.		Machines.	
		Calorifères.	Motrices.	Nombre.	Force en chevaux-vapeur.
En France..........	1847	1,983	6,757	4,853	61,635
	1848	2,070	7,189	5,212	64,794 1/2
	1849	2,543	6,418	4,949	61,527 1/2
	1850	2,739	6,970	5,322	66,642
	1851	3,059	7,325	5,672	70,631 1/2
	1852	6,568	7,880	6,080	75,518 1/2
Dans le département du Nord.	1847	260	1,154	773	10,841
	1848	267	1,221	821	11,580
	1849	547	1,021	836	11,984 1/2
	1850	609	1,051	878	12,558 1/2
	1851	687	1,139	974	14,502
	1852	1,214	1,230	1,072	15,633
Dép. de la Seine......	1852	555	837	828	5,991
— de la Loire......	1852	3	572	347	8,451
— de la Seine-Inférᵉ.	1852	1,406	579	477	4,816
— du Rhône	1852	985	437	404	2,628

A l'arrondissement de Valenciennes revient une forte part de la position conquise par le département auquel il appartient. Les rapprochements qui suivent montrent dans quelle proportion il y concourt :

	1833 MACHINES		1844 MACHINES		1851 MACHINES		1852 MACHINES	
	nomb.	force.	nomb.	force.	nomb.	force.	nomb.	force.
Déparᵗ du Nord.....	200	2,825	570	8,173	974	14,502	1072	15,633
Arrondᵗ de Valenc.	78	1,373	167	3,633	246	4,218	252	4,271

Le plus grand nombre de machines se rencontre dans l'arrondissement de Lille ; c'est dans celui de Valenciennes que la force la plus considérable est appliquée. Nous avons cru intéressant de donner ici l'effectif des machines à vapeur de l'arrondissement, en mentionnant les divers genres d'établissement qu'ils desservent. Nous devons à l'obligeance reconnue de M. Boudousquié, ingénieur en chef des mines à Valenciennes, le tableau suivant qui satisfait pleinement à cette intention :

---

(1) Ces chiffres ne comprennent ni les locomotives, ni les bateaux à vapeur.

L'augmentation, en 1852, du nombre des chaudières-calorifères provient de ce que l'on ne comprenait pas jusqu'alors, dans cette catégorie, certains réservoirs de vapeur qu'il convenait cependant d'y faire figurer.

TABLEAU DES APPAREILS A VAPEUR DE L'ARRONDISSEMENT DE VALENCIENNES.

(Divers genres d'Etablissements desservis en 1851, 1852, 1853, 1854.)

Genres d'Etablissements.	CHAUDIÈRES. CALORIFÈRES. 1851	1852	1853	1854	CHAUDIÈRES. MOTRICES. 1851	1852	1853	1854	MACHINES. 1851 Nomb.	1851 Force.	1852 Nomb.	1852 Force.	1853 Nomb.	1853 Force.	1854 Nomb.	1854 Force.
Mines et carrières souterraines	»	»	»	»	136	139	163	167	73	2044	74	2060	80	2320	83	2453
Fabriques et raffineries de sucre	152	162	167	170	59	61	62	64	81	822	82	838	84	866	87	886
Sécheries de betteraves	1	1	1	1	4	4	4	4	4	17	4	17	4	17	4	17
Travail du fer (forges, hauts-fourneaux, fonderie, ateliers de construction)	»	»	»	»	87	89	100	103	50	1086	51	1094	57	1200	60	1262
Distilleries et brasseries	8	8	10	11	6	7	9	11	10	40	12	50	14	66	16	77
Moulins à blé	»	»	»	»	6	6	6	6	6	54	6	54	6	54	6	54
Fabriques de chicorée	»	»	»	»	4	4	4	4	4	17	4	17	4	17	4	17
Fabriques de produits chimiques	1	1	1	1	2	2	2	2	2	11	2	11	2	11	2	11
Fabriques d'huiles	»	»	»	»	3	3	3	3	3	36	3	36	3	36	3	36
Id. d'impressions sur étoffes	2	2	2	2	3	3	3	3	3	6	3	6	3	6	3	6
Filatures, apprêts, teintureries	1	1	1	1	3	3	3	3	3	22	3	22	4	32	4	32
Fabriques de faïences	»	»	»	»	2	2	3	3	2	22	2	22	2	22	2	22
Scieries de bois	»	»	»	»	1	1	2	2	1	25	1	25	2	31	2	31
Id. de marbres	»	»	»	»	»	»	»	1	»	»	»	»	»	»	1	15
Fabriques de noir animal	»	»	»	»	»	1	1	1	1	6	2	9	2	9	2	9
Id. de couleurs	»	»	»	»	»	»	»	»	1	3	1	3	1	3	1	3
Corderies	»	»	»	»	1	1	1	1	1	6	1	6	1	6	1	6
Papeterie	»	»	»	»	»	»	»	1	»	»	»	»	»	»	2	26
Elévation d'eau, bains et fabriques de colle	1	1	1	2	1	1	1	1	1	1	1	1	1	1	1	1
	166	176	183	188	318	327	367	380	246	4218	252	4271	270	4697	284	4964

Indépendamment des machines et des générateurs énumérés dans ce tableau, on rencontre dans l'arrondissement un grand nombre d'appareils à vapeur, tels que : retours d'eau, chaudières à double fonds que l'Administration des mines a aussi sous sa surveillance. Il y en avait 513 en 1851.

Ces résultats rapprochés, pour les années 1851 et 1852, des tableaux complets de la statistique officielle, sont bien de nature à ajouter aux arguments d'un autre ordre qui servent à poser l'importance de l'arrondissement de Valenciennes.

On peut s'assurer, en mettant bien entendu le Nord à l'écart, qu'à l'exception des départements de la Seine, de la Loire, du Rhône et de la Seine-Inférieure, chacun des *autres départements a moins de machines à vapeur que l'arrondissement de Valenciennes* ; que les départements de la Loire et de la Seine *sont les seuls* qui aient, par la vapeur, plus de chevaux de force que l'arrondissement de Valenciennes.

Cette comparaison se soutient à peu près aussi avantageuse pour les chaudières à vapeur.

Notre puissance de 4964 chevaux-vapeur utilisée en 1851, n'enlève rien comme tout le monde le reconnait aujourd'hui au travail manuel. L'utilisation de la vapeur, en permettant une économie nécessaire, augmente la production et crée des besoins qui réclament des bras ; la force humaine ne peut pas du reste se substituer à la vapeur dans toutes ses applications.

Il est facile, en admettant les bases de calcul de MM. les ingénieurs des mines, d'indiquer le nombre de travailleurs dont les efforts parviendraient à peine aux mêmes résultats.

Les 4964 chevaux-vapeur de l'arrondissement de Valenciennes représenteraient le travail de 14,892 chevaux de trait, ou celui de 104,244 hommes de peine : c'est cinq fois le nombre d'ouvriers disponibles pour l'industrie.

En effet, la population de l'arrondissement n'est que de 158,481 habitants ; comme l'on compte ordinairement un travailleur sur deux et demi (1), il ne renfermerait donc que 63,384 travailleurs, mais l'agriculture absorbant les deux tiers des bras il ne reste au travail manufacturier que 21,128 ouvriers.

Houille consommée. — La quantité de houille consommée est bien propre aussi à témoigner de l'importance manufacturière d'un pays. Dans l'impossibilité où nous sommes de présenter des chiffres exacts pour l'arrondissement, nous croyons cependant que, par induction, on reconnaîtra que cette quantité doit être considérable.

En 1847, la consommation des combustibles minéraux en France, était de 76,488,600 quintaux métriques, celle du département du Nord de 15,673,700 quintaux métriques ou *plus du cinquième.*

En 1852, la consommation de la France étant de 79,585,200

Celle du département du Nord était de.......	14,979,300
— de la Loire, de........	7,027,000
— de la Seine, de.......	6,628,300
— du Rhône, de.........	4,652,900
— du Pas-de-Calais, de.. .	3,718,900

Ces chiffres, extraits de la statistique des mines, font bien voir, une fois de plus, la prodigieuse activité du département du Nord, et sa prééminence marquée sur les départements qui, *sous ce rapport,* viennent immédiatement après lui.

La consommation du combustible pourrait se déduire, im-

---

(1) C'est la proportion admise par le savant M. Kulhmann, président de la Chambre de commerce de Lille, dans ses remarquables rapports du jury départemental pour les expositions nationales de 1844 et de 1849. Il a été impossible à la Chambre de commerce de Valenciennes, dans l'enquête sur le travail agricole et industriel qu'elle a dû faire, en conformité du décret du 25 mai 1848, de fixer cette proportion pour la localité ; les réponses des commissions cantonales lui ont fourni des indications trop incomplètes et trop disparates.

parfaitement, il est vrai, de la force des appareils à vapeur entretenus en mouvement. L'importance de l'arrondissement de Valenciennes a dû apparaître par le nombre et surtout par la force de ses machines, elle serait ressortie d'une manière plus éclatante encore s'il avait été possible de l'appuyer par la quantité réelle de houille qu'on y emploie : les fabriques et les raffineries de sucre, les distilleries usent peu de force relativement à la vaporisation qu'elles produisent, le combustible qu'elles consument surpasse donc énormément en quantité la proportion strictement nécessaire à assurer la marche de leurs machines. Les établissements métallurgiques ne brûlent pas de houille pour faire agir leurs moteurs, ils y consacrent une minime partie de la chaleur perdue dans le travail du fer, on peut les compter avec raison comme de puissants auxiliaires pour la consommation du charbon. Les hauts fourneaux et forges de Denain et d'Anzin en brulent journellement à eux seuls 4,000 hectolitres.

Ces considérations nous permettent de penser, qu'ayant reconnu le rang élevé que l'arrondissement de Valenciennes tient par le nombre et par la puissance de ses machines, on appréciera qu'il ne saurait en descendre, si la comparaison s'établissait en prenant pour base la consommation du combustible.

Population. — Une augmentation anormale dans le mouvement de la population d'un pays peut être aussi un indice du développement de sa puissance manufacturière.

La population des communes composant aujourd'hui l'arrondissement de Valenciennes était en 1788 de 90,672 habitants, elle était en 1854 de 158,481 habitants. C'est en 66 ans une augmentation de 67,809 âmes. S'il est toujours vrai, comme on l'admet en statistique, que la population double en France en 138 ans, on voit que l'arrondissement de Valenciennes suit une progression qui dépasse énormement la moyenne.

C'est surtout dans les communes où existent les puits d'extraction de houille les plus nombreux que cet accroissement est naturellement le plus sensible. Ces rapprochements sont assez curieux à établir. Ainsi :

Anzin	{	En 1700.....	221	habitants.
		— 1801.....	2,898	—
		— 1851.....	5,006	—
Fresnes	{	— 1700.....	248	—
		— 1801.....	2,660	—
		— 1851.....	4,914	—
Denain	{	— 1788.....	964	—
		— 1801.....	944	—
		— 1851.....	8,691	—
Lourches	{	— 1788.....	144	—
		— 1801.....	164	—
		— 1851.....	2,798	—
Vieux-Condé	{	— 1788.....	1,316	—
		— 1806.....	3,133	—
		— 1851.....	4,720	—

La répartition des populations sur les différents points du territoire doit généralement se faire proportionnellement au travail qu'on y effectue. Il y a en France 67 habitants 46 par kilomètre carré. Le département du Nord en a 203, 89 ; l'arrondissement de Valenciennes, 251, 55 sur la même surface !

On compte en France 447 communes dont le nombre d'habitants surpasse 5,000 ; il en existe cinq dans l'arrondissement qui se trouvent dans ces conditions ; savoir : Valenciennes qui a plus de 20,000 âmes, St-Amand, Denain, Condé et Anzin. C'est plus que la moyenne d'un département ; l'arrondissement n'en est cependant que la septième partie (1).

---

(1) Ces derniers calculs sont faits sur le recensement de 1851. Fresnes avait alors, ainsi qu'on l'a vu, 4,914 habitants, Vieux-Condé 4,720 ; il est donc probable qu'aujourd'hui l'arrondissement possède *sept* communes au-dessus de 5,000 âmes.

Patentes. — Le nombre des contribuables patentés et le chiffre des impôts auxquels ils sont soumis peuvent aussi donner la mesure de l'importance de Valenciennes et de l'accroissement de son commerce et de son industrie. On en jugera par le tableau suivant :

Années.	Nombre des patentés.	Produit total.
1844............	6,304	172,308 81
1849.	6,739	224,501 90
1853..............	6,989	338,271 52
1854....	6,967	347,815 69
1855....	7,147	377,789 42

Douane de Valenciennes. — Nous avons cru qu'il ne serait pas sans intérêt de faire ressortir l'importance de la gare de Valenciennes au point de vue de la quantité de marchandises qui y transitent et de celles surtout qui, importées, peuvent trouver leur principal débouché dans l'arrondissement. Nous avons demandé à M. Gréterin, directeur des douanes et des contributions indirectes à Valenciennes, et obtenu avec empressement de son obligeance, des tableaux dont l'extrait ci-après permettra de constater principalement le rapide accroissement de l'importation, par cette voie, des houilles et des cokes.

ÉTAT DE QUELQUES UNES DES PRINCIPALES MARCHANDISES IMPORTÉES PAR LE BUREAU DES DOUANES DE VALENCIENNES

(Station du chemin de fer,)

MARCHANDISES IMPORTÉES	ANNÉES			
	1852	**1853**	**1854**	**1855** 6 1ers mois
Houille crue	53,000,000	106,476,500	231,000,000	186,137,000
Houille carbonisée. —Coke	93,000,000	154,511,000	225,120,000	119.682,700
Laines. { poids............	1,021,074	726.300	580,100	352,300
Laines. { valeur.........	4,520,000	3,262,500	2,288,900	1,541,100
Racines de chicorée sèches	383,800	259,200	480.900	386,900
Fer-fontes belges	16,027,900	23,918,000	22,362,000	8,440,400
Zinc en lingots............	511,000	1,242,300	2,215,000	816,500
Eau-de-vie. — Alcool pur.	»	»	lit. 167.451	lit. 117,900
Marbres.................	190,000	116.300	171,900	103.500

RECETTES.

	1852	**1853**	**1854**	**1855** 6 1ers mois
	f.	f.	f.	f.
Importation.............	2,803,000	3,038,000	3,025,200	1,700,600
Exportation.	22,055	17,687.	12,153	5,615

Variété des productions de l'arrondissement. — Dans une réunion solennelle qui eut lieu à Valenciennes en 1844, M. Michel Chevalier, frappé du développement que l'industrie avait pris dans cet arrondissement, signalait comme un fait merveilleux d'y trouver groupées des usines si nombreuses, et surtout si différentes par leur genre de fabrication, qu'on devrait parcourir plusieurs départements de la France, pour rencontrer des spécimens de leur variété.

Depuis la visite de cet éminent professeur d'économie politique, dont nous avons recueilli l'opinion désintéressée et d'une valeur incontestable, le progrès s'est encore fait sentir.

Il est peu de branches industrielles qui soient délaissées

3.

parmi nous ; les produits les plus délicats, les masses les plus gigantesques sortent des mains de nos ouvriers.

La nature fournit *des houilles* de qualités si diverses qu'elles se prêtent à tous les usages. Elles alimentent les foyers domestiques, le chauffage industriel, permettent la *cuisson des briques et de la chaux*. De nombreux *fours à coke* la décomposent pour les besoins des locomotives et des hauts-fourneaux ; *des fabriques de gaz* en tirent la lumière pour l'éclairage public ou privé. Il y a peu de temps encore les goudrons distillés fournissaient le brai sec pour asphalte, et des produits volatils que la chimie a su utiliser de la manière la plus curieuse.

La fonte est extraite du minerai, moulée en première fusion ou élaborée. *Des ateliers de moulerie* en deuxième fusion sont occupés du moulage de grosses pièces pour l'industrie ou de menus objets d'ornement pour les constructions. *Des forges, des laminoirs* produisent le fer que les *ateliers de grosse chaudronnerie, de construction de machines, les clouteries,* façonnent de mille manières. *Les chaînes-câbles* pour la marine, *les boulons* pour les chemins de fer, pour voitures, *les chevilles* pour chaussures, les objets de *poëlerie, les tissus métalliques, les limes,* ont aussi leurs lieux de fabrication.

La betterave donne *le sucre* et *l'alcool*; *des sècheries* la conservent pour un genre particulier de travail. Elle est la source d'une foule d'industries annexes : *le raffinage des sucres,* la fabrication *du noir animal, la production des salins, des potasses, des soudes, de sels alcalins,* et celle des *engrais* en dérivent.

La chicorée-café, dont l'emploi est aujourd'hui si répandu, a son principal centre de production dans l'arrondissement de Valenciennes. *Le sel* y est aussi raffiné; *la bière*, boisson du pays, abondamment produite ; l'alcool transformé *en vinaigre ;* les graines oléagineuses exprimées pour fournir les différentes espèces *d'huile.*

La laine est désuintée, travaillée pour la *bonneterie ;* elle a ses *filatures,* quelques *ateliers de tissage* grossiers.

Le lin, récolté sur le sol, est roui, teillé, filé, ourdi, tissé ; nos *toiles*, nos *batistes* trouvent *des blanchisseries*, *des ateliers d'impressions, d'apprêtage. Le savon*, *l'amidon*, sont aussi produits sur place, et lorsque ces opérations se pratiquaient sur une plus vaste échelle, une fabrique *de bleu d'azur*, (de Smalt), la seule que nous ayons vu citer en France, leur préparait ce bleu pâle recherché pour les fins apprêts.

Le chanvre, l'aloës, sont les matières premières *de corderies* qui travaillent pour tous les usages et principalement pour nos houillères.

La céramique compte aussi parmi nous de nombreux représentants. *Les briques, les carreaux*, *les pannes*, *les tuyaux de drainage, les pipes, la fayence* et jusqu'à *la porcelaine*, *les verres à vitres, les bouteilles*, se produisent dans l'arrondissement de Valenciennes.

La navigation donne aux *constructeurs de bateaux* une besogne active.

Enfin une *fabrique de papier, des scieries de marbre, des tanneries, des corroyeries* et diverses industries qui se rencontrent dans toutes les localités, existent aussi sur le territoire de Valenciennes.

Quantité et valeur des produits principaux. — La masse de nos productions ajoute encore à l'intérêt qu'inspire leur variété. L'état numérique des professions industrielles de l'arrondissement, état que nous devons à l'obligeance de M. le Sous-Préfet, et que nous reproduisons, donnera une idée plus complète de nos ressources.

Compagnies pour l'extraction de la houille 4	Fabricants et raffineurs de sucre. 63
Maîtres de forges et de laminoirs. 8	Maîtres de verreries 7
Constructeurs de machines à vapeur. 5	Fabricants de chaînes et de boulons en fer 15
Fabricants de grosse chaudronnerie. 9	Distillateurs 28
	Fabricants de chicorée 37
	Fabricants de savon et de sel 40

Fabricants de clous et chevilles..	21	Fabricants de chandelles.......	11
Fabricants de tissus et de bonneterie en laine	38	Serruriers et poëliers..........	44
		Fabricants d'huiles...........	14
Fabricants de toiles et de tissus divers.................	23	Marbriers.	6
		Ferblantiers et zingueurs.......	29
Fabricants de tissus métalliques.	2	Horlogers et bijoutiers.........	21
Fabricants de coke...........	3	Mulquiniers et marchands de fils ourdis.................	37
Fabricants de ponts et de balances-bascules.............	3	Fabricants de lin teillé........	81
Fabricants de noir animal	5	Cordiers.................	15
Fabricants de fayence.........	2	Maréchaux et ferronniers......	195
Fabricant de porcelaine........	1	Constructeurs de bateaux.......	7
Fabricants de potasse et autres produits chimiques.........	5	Tanneurs.................	10
		Corroyeurs...............	8
Fabricants d'amidon..........	3	Fabricants de limes.........	4
Fondeurs en fer et en cuivre....	11	Etablissement pour l'éclairage au gaz.................	1
Filateurs de laine...........	5		
Fabricant de papier..........	1	Fabricants de drains, de carreaux et de pannes...........	4
Chaudronniers	9		
Sècheries de betteraves.......	7	Fabricants de poids en fonte de fer	4
Brasseurs	161	Fabricants de pipes en terre....	2

Les détails que nous présentons plus loin, par classe, sur les industries de l'arrondissement, offrent des faits plus significatifs quant à la quantité et à la valeur de nos produits essentiels. Nous aurions voulu réunir plus de documents ; ils auraient été, croyons-nous, de nature à mettre davantage en relief l'importance de nos productions ; nous regrettons de n'avoir pas eu le loisir de faire les démarches qu'aurait nécessité la fixation de chiffres, bien difficiles à déterminer en statistique, quand ils ne résultent pas de la perception de droits établis.

Cependant voici des données dignes de confiance :

En 1820, nos compagnies houillères ne tiraient que 2,400,000 quintaux métriques de charbon. En 1854, elles occupaient 10,000 ouvriers et obtenaient une extraction de 14,329,814 quintaux métriques de houille, dont la valeur sur le carré des mines était de plus de *dix-sept millions* de francs. En 1855, cette extraction sera plus considérable encore.

Nos hauts-fourneaux, nos forges, nos laminoirs ont suivi le mouvement ascensionnel qui se manifeste dans toutes les productions manufacturières. Il n'en sort pas annuellement moins de 330 à 340,000 quintaux métriques de fer, estimés *douze millions* de francs.

Les ateliers de construction de machines, de grosse chaudronnerie ne trouvent pas assez d'aliment en satisfaisant aux besoins de matériel des nombreuses usines du pays. La plupart des chemins de fer de la France sont sillonnés par des locomotives dont les chaudières, dont les roues, les tenders sont confectionnés dans l'arrondissement de Valenciennes. *Sept millions* de francs sont la représentation approximative de leur production collective.

Les clouteries, les fabriques de chaînes-câbles pour la marine, les clouteries mécaniques, les fabriques de chevilles, de boulons pour les chemins de fer font ensemble plusieurs millions de francs d'affaires. Outre les débouchés qu'ils trouvent dans toute la France, ces produits sont l'objet d'une exportation considérable.

Depuis que la distillation de la betterave s'est implantée dans nos contrées, les sucreries et les distilleries fournissent en valeur et en quantité des produits complémentaires les uns des autres. Pendant la campagne 1850-51 cinquante - huit fabricants ont produit 16,687,977 kilog. de sucre; en 1851-52, soixante-trois fabriques, en 1852-53, soixante-deux fabriques concouraient à l'approvisionnement général. En 1853-54 la production de la France s'est élevée à 76,958,000 kilog; chez nous, cinquante - quatre fabriques seulement ont livré à la consommation 13,573,626 kilog. de sucre au 1er type d'une valeur approximative de 9,250,000 fr. Le trésor public a perçu pour les droits une somme de 6,244,716 fr.

En 1852, dix-huit producteurs d'eau-de-vie de grains, cinq distillateurs de mélasse avaient fait ensemble 29,555 hectolitres 17 litres d'alcool. En 1854, trente-cinq distillateurs ont extrait de diverses matières sucrées, mais principalement de la betterave, 66,533 hectolitres 74 litres d'alcool pur. Son prix moyen, au cours de la Bourse de Paris, permet d'en estimer sans exagération la valeur totale à *onze millions* de francs. Le montant des droits payés à l'Etat est de 2,488,371 fr. 76 c.

Ces chiffres montrent que, même en négligeant la valeur des pulpes, des engrais et des sels alcalins qu'on en retire, la betterave est la source, pour l'arrondissement de Valenciennes, d'une production de plus de *vingt millions*, pour l'Etat d'un revenu de près de *neuf millions* de francs. Que sera-ce sous l'empire de la récente aggravation des droits?

Nos raffineries établies sur de larges bases livrent au commerce environ 10,000,000 de kilog. de sucre blanc, ce qui représente près de 1,500,000 pains ou *quinze millions* de francs. On pourrait dire en d'autres termes que les raffineries de l'arrondissement absorbent à peu près la totalité du sucre brut que les fabriques produisent.

Les minoteries parmi lesquelles la plus forte maison livre à la mouture 105,000 hectolitres de blé par an; les brasseries qui préparent environ 230,000 hectolitres de bière forte et 100,000 hectolitres de petite bière; les fabriques de café-chicorée dont les produits alimentaires sont en telle quantité qu'ils pénètrent dans la France entière et dans l'Algérie, méritent aussi d'être mentionnées.

Valenciennes est le principal centre du commerce et de la production des batistes. Plus de la moitié de la quantité de ces fins tissus qui se répand dans le commerce sort des maisons de Valenciennes.

Nos produits chimiques, nos potasses et nos soudes surtout, ne doivent pas être oubliés dans cette rapide énumération.

Enfin nos verreries fabriquent ensemble 56,000 caisses de verres à vitres et 9,750,000 bouteilles d'une valeur de plus de *quatre millions* de francs.

Ces produits ne sont pas seulement remarquables par leur quantité, la distribution des récompenses pour l'Exposition universelle de 1851 en a donné une preuve éclatante. Le dépar-

tement du Nord avait obtenu 32 nominations, l'arrondissement de Valenciennes en a eu huit, mais de ce nombre *deux
grandes médailles sur 57 ou trois fois ce qui revenait en moyenne
à un département.*

Ces succès ont tellement fait comprendre le but et la portée
des exhibitions de cette nature, que le nombre des exposants
de l'arrondissement s'est élevé d'une manière prodigieuse.
L'exposition nationale de 1844 ne comptait que neuf exposants
de l'arrondissement de Valenciennes, celle de 1849 seize, celle
de Londres dix ; celle de 1855 a reçu 148 inscriptions individuelles.

Est-ce à tort que le comité local a accueilli un aussi grand
nombre de concurrents ? D'honorables antécédents, des titres
nouveaux, de ceux que la Commission impériale a reconnus
valables, légitiment toutes ses admissions. Le nombre de
nos exposants ne pourrait étonner que ceux qui, étrangers au
pays, ignorent que c'est de Valenciennes que l'un de nos plus
illustres savants, celui dont l'appréciation et la parole font le
plus autorité en pareilles matières, M. Dumas a dit :

« C'est l'arrondissement le mieux fait pour servir de modèle
» à la France, par la beauté de ses cultures, par l'esprit labo-
» rieux qui y règne, par la vive intelligence qui chaque jour
» y fait éclore de nouvelles améliorations. »

RÉSUMÉ.—Nous terminerons cet aperçu de nos forces productives en rappelant que l'arrondissement de Valenciennes,
dont le territoire ne comprend que la 838ᵉ partie de la surface
de la France, dont la population n'en est que la 258ᵉ partie :

Entretient par ses machines à vapeur plus de force qu'aucun
des départements, si l'on excepte ceux de la Loire et de la
Seine ;

Donne par ses distilleries environ *le dixième* d'alcool de la
production française ;

Fournit par ses mines *le quart* de la totalité des combustibles minéraux que l'on exploite en France ;

Produit par ses sucreries *le sixième* de la quantité de sucre brut de betteraves qui sort des fabriques indigènes ;

Livre au commerce plus de la moitié des batistes qui se fabriquent en France ;

Tient une place non moins importante par ses fers, par sa grosse chaudronnerie, ses soudes, ses potasses, ses verres, ses bouteilles ;

Vient en première ligne pour la production du café-chicorée ;

Tire du sol, par l'habileté de ses cultivateurs, 28 à 30 hectolitres de froment, en moyenne, à l'hectare et jusqu'à 42 hectolitres en grande culture ;

Apporte à la Banque de France *le dix-septième* du chiffre d'affaires de ses 34 succursales, et le *huitième* des bénéfices qu'elles réalisent ensemble !

Enfin, dans un autre ordre, doit à la bonne direction de ses Académies de peinture, de sculpture, d'architecture et de musique, de compter une foule d'artistes qui honorent, par leurs succès, leur ville natale.

En cherchant à faire ressortir l'importance actuelle de l'arrondissement de Valenciennes, nous avons voulu montrer combien sont dignes d'attention ces produits, si utiles mais si peu attrayants, à la plupart desquels la foule n'accordera peut-être pas un regard dans les galeries de l'Exposition, mais auxquels le jury international attache d'autant plus de prix qu'ils sont la représentation d'une production plus considérable.

Nous avons cru que ce congrès universel devait mettre en évidence toutes les forces pacifiques des différents Etats ; qu'il était du devoir de chacun de faire l'énumération des siennes.

Nous avons cru que des détails historiques, tout insolites qu'ils puissent paraître, serviraient utilement à prouver que le caractère des habitants est le principal élément de nos succès. On est généralement trop enclin à attribuer exclusivement au sol, à la houille, aux dons de la nature, la richesse agricole et industrielle du Nord de la France. Il est bon qu'on sache que c'est au milieu des plus grandes difficultés que l'industrie s'est formée, que c'est par les efforts les plus persévérants qu'elle s'est maintenue. Il n'était pas besoin de le rappeler pour les faits contemporains. Notre prospérité a eu de tous temps de rudes assauts à soutenir, elle a eu ses moments de crise à traverser ; la guerre a souvent choisi notre sol pour théâtre de ses luttes désastreuses et sanglantes, la paix a souvent fait sacrifier à des intérêts plus énergiquement défendus les intérêts de notre agriculture, de notre commerce ou de notre industrie. Ces secousses n'ont jamais abattu nos infatigables travailleurs. Leur patience, leur énergie, leur intelligente activité, ont toujours été à la hauteur des situations les plus difficiles.

Chez nous une source de fortune tarie cause des privations, mais en fait jaillir une nouvelle, l'histoire nous l'apprend ; la même opiniâtreté ne serait nulle part stérile. Valenciennes a été au moyen âge principalement florissante par son commerce, l'Escaut fermé l'a rendue exclusivement industrielle ; l'Escaut libre, en rétablissant, autant que possible, ses relations avec Anvers, la rendrait aujourd'hui tout à la fois industrielle et commerçante.

EXPOSANTS

Généralités par classe. — Titres individuels.

CLASSE I.

MINES ET MÉTALLURGIE.

Le Jury international reconnaîtra, nous l'espérons, que l'arrondissement de Valenciennes tient honorablement sa place dans la PREMIÈRE CLASSE des produits de l'industrie.

Mandataire de la Commission impériale française, le Comité local a admis :

Dans la 2ᵉ Section :

LA COMPAGNIE DES MINES D'ANZIN , dont une partie de l'exposition rentre dans la 4ᵉ Section.

Dans la 5ᵉ Section :

MM. DUMONT ET Cⁱᵉ, à Raismes.

LA SOCIÉTÉ ANONYME DES HAUTS-FOURNEAUX DE DENAIN ET D'ANZIN.

Dans la *1ʳᵉ Section*, le Comité local aurait vu figurer avec plaisir *un document imprimé*, du plus grand intérêt pour le bassin houiller de Valenciennes, *l'Histoire de la recherche, de la découverte et de l'exploitation de la Houille dans le Hainaut français, dans la Flandre française et dans l'Artois*, 3 vol. in 4°, 1847-1851. Son auteur, M. Edouard Grar, soutenu par une rare ardeur de travail, par une ténacité, une persévérance dont ses succès comme président de la Société impériale d'agriculture de Valenciennes, fournissent journellement encore des preuves irrécusables, n'a pas consacré moins de dix années en recherches bibliographiques, en études juridiques, et en démarches nécessaires à l'exécution de cette importante publication. Le titre de chevalier de la Légion d'honneur a récompensé ces travaux désintéressés.

Un sentiment de réserve, qu'il ne nous est pas permis d'apprécier, a pu empêcher M. Edouard Grar de répondre, par son inscription, à la provocation du catalogue. Cette omission regrettable ne nous prive ni du droit, ni du devoir de signaler ici l'utilité générale de son œuvre, de rappeler les suffrages qu'elle a recueillis dans le Jury départemental pour l'Exposition nationale de 1849, à l'Académie des sciences, et de reconnaître les services qu'elle a rendus particulièrement au rapporteur du Comité de Valenciennes dans l'accomplissement de son mandat.

2e *Section.* — Les principales richesses souterraines de l'arrondissement de Valenciennes étaient inconnues au commencement du siècle dernier. Avant 1720, on n'y exploitait que le sable, le grès et une pierre blanche calcaire, tendre mais non gélive, assez estimée dans les constructions pour qu'elle fut exportée jusqu'en Hollande. Le territoire d'Avesnes-le-Sec, qui fournit encore de ces pierres blanches à nos bâtisses, possédait des carrières en exploitation avant 1698.

La houille extraite dans les pays de Liége et de Mons manquait à nos contrées lorsque les conquêtes de Louis XIV les démembrèrent du Hainaut. La nécessité créa des sociétés de recherches que l'insuccès a laissées dans l'oubli. Les noms de Desandrouin, Taffin, Jacques Mathieu ne périront pas comme elles. Ces ardents et habiles explorateurs parvinrent, après plusieurs années d'efforts infructueux, à découvrir la houille à Fresnes en 1720 ; mais ce n'était qu'une houille maigre, sulfureuse, peu propre aux usages économiques.

La compagnie poursuivit vigoureusement son œuvre d'investigations hasardeuses et réussit à rencontrer la houille grasse à Anzin en 1734. Cette découverte indemnisait de 18 années d'efforts infructueux, de 1,500,000 livres de dépenses. On comprendra les difficultés qu'ont eu à vaincre les premiers explorateurs en remarquant que la houille n'est pas recouverte, dans le bassin de Valenciennes, de moins de 80 mètres de terrains horizontaux au sein desquels se rencontrent des nappes d'eau très-puissantes.

Un pareil succès fit oublier les revers, les explorations recommencèrent ; la houille fut successivement trouvée à Vieux-Condé, à Raismes, à Aniche, à St-Saulve, à Notre-Dame-aux-Bois, à Forest. Plusieurs Compagnies puissantes et rivales purent, chose inouie, disputer aux véritables *inventeurs* de la houille les possessions souterraines dont le privilége d'exploitation expirait. L'habile intervention, l'esprit de conciliation d'Emmanuel de Croy(1) parvinrent à vaincre les prétentions des uns, le froissement d'amour-propre des autres, et à déterminer une fusion d'où naquit, en 1757, la compagnie d'Anzin. Toujours activement dirigée, elle avait, en 1791, 37 puits dans ses établissements d'Anzin, Fresnes et Vieux–Condé ; elle employait 4,000 ouvriers et livrait annuellement à la consommation 3,750,000 quintaux métriques de houille. Cette prospérité ne devait pas résister aux évènements révolutionnaires. L'émigration des principaux intéressés ébranla l'édifice, les armées ennemies bouleversèrent les travaux et en arrêtèrent conséquemment le cours. A la tourmente de 93, succéda le calme ; un instant l'exploitation se fit au nom de l'Etat, mais elle passa bientôt entre les mains d'une société de capitalistes composée, en partie, des anciens actionnaires. Ce fut la régénération de la Compagnie actuelle des mines d'Anzin. Lentement réorganisée, elle a successivement repris son ancienne splendeur à laquelle elle n'a plus rien à envier aujourd'hui.

Aniche, dans l'arrondissement de Douai, avait une fosse en exploitation en 1777. Tous les territoires intermédiaires furent fouillés avec une tenacité indicible. L'existence de la houille fut partout signalée.

Il y aurait lieu de s'étonner de la continuité et de la multiplicité des recherches dont la houille a été l'objet dans nos contrées,

---

(1) Emmanuel de Croy, qui devint maréchal de France, était né à Condé-sur-Escaut dont il était le seigneur haut-justicier, ainsi que des villages environnants.

si l'on ne pouvait comprendre l'ardeur fiévreuse que font naître des espérances parfois réalisées. Le territoire de Valenciennes a été l'Australie de bien des chercheurs d'or : la fortune pour les uns, la déception pour les autres. On ne peut s'étonner davantage des tentatives que l'on continue aujourd'hui, quand les jalons posés par les devanciers, les faits acquis, les progrès de la géologie et de la mécanique, ont fait de l'art du sondeur une science qui le guide plus sûrement et lui permet d'accélérer ses opérations.

Nos environs ont été suffisamment explorés. Le Pas-de-Calais est devenu le point de mire de toutes les espérances. Dès 1846, la Compagnie de l'Escarpelle a résolu le problème depuis longtemps posé de la découverte, au delà d'Aniche, du prolongement du bassin houiller de Valenciennes.

A la même époque, M. Mulot, sondant dans le parc de Mme Declercq, à Oignies, en vue de trouver des eaux jaillissantes, perça le terrain houiller sur une grande étendue, sans que le fait ait été rendu public. Encouragé par les résultats de l'Escarpelle, le même ingénieur renouvela les forages et obtint la concession de Dourges.

Les concessions de Courrières, de Lens, de Bully-Grenay, ont été successivement accordées à des compagnies distinctes, celle de Nœux à la Compagnie de Vicoigne. Les travaux de cette dernière se sont fait remarquer par des améliorations notables dues à l'initiative de l'habile ingénieur qui les dirige, M. de Bracquemont. Le premier, dans le pays, il a su s'affranchir de la routine en substituant, pour les avaleresses, à la machine de Newcomen, des machines à traction directe et à haute pression, dont la force est pour ainsi dire indéfinie. Le premier, il a osé monter, pour l'extraction, des machines conjuguées qui, susceptibles d'une grande rapidité de mouvement comme les locomotives, comme elles aussi, privées de volant, permettent de donner où de réduire brusquement la vitesse communiquée à l'arbre des bobines, propriétés qui reviennent, en définitive, à diminuer le temps de l'ascension des charges et à satisfaire à une extraction plus grande. Ces précieuses conquêtes faites dans le Pas-de-Calais sont des arguments de plus contre les économistes que l'énorme consommation du présent inquiète pour les ressources de l'avenir.

PRODUITS DES HOUILLÈRES DU BASSIN DE VALENCIENNES,

MINES DU DÉPARTEMENT DU NORD EN 1854.

SOCIÉTÉS CONCESSIONNAIRES.	NOMS DES CONCESSIONS.	DATES DES CONCESSIONS.	ÉTENDUE de la surface concédée en hectares.	QUANTITÉ DE HOUILLE extraite en quintaux métriques.	PRIX MOYEN du quintal métrique sur l'Établissement.	VALEUR TOTALE DES PRODUITS sur l'Établissement.	NOMBRE D'OUVRIERS à l'intérieur.	à l'extérieur.	Extraction.	Épuisemᵗ.	Diverses.
Compagnie d'Anzin	De Fresnes.	1759	2,073	503,500 40	1,011	509,009 46	475	56	3	2	»
	De Vieux-Condé.	1749	3,962	1,175,961 70	1 024	1,204,415 02	598	94	5	2	»
	De Raismes.	1759	4,829	1,268,948 60	1,312	1,664,746 83	1,035.	191	5	1	»
	D'Anzin.	1759	11,841	4,480,551 70	1,357	6,081,653 13	2,598	522	23	7	»
	De St-Saulve.	1804	2,200	»	»	»	»	»	»	»	»
	De Denain.	1831	1,343 1p2	865,510 05	1,360	1,177,271 08	561	92	3	»	»
	D'Odomez.	1832	316	314,059 10	1,052	330,446 88	167	23	1	»	»
	D'Hasnon.	1840	1,488	»	»	»	»	»	»	»	»
Compagnie d'Aniche.	D'Aniche.	1774	11,850	1,872,763 50	1,010	1,891,057 15	1,313	392	7	3	1
Dᵒ de Douchy.	De Douchy.	1831	3,419	1,801,789 25	1,312	2,363,154 31	951	215	7	»	»
Dᵒ de Bruille.	De Bruille.	1832	403	»	»	»	»	»	»	»	»
Dᵒ de Vicoigne.	De Château-l'Abbaye.	1836	916	»	»	»	»	»	»	»	»
M. Libert et consorts.	De Crespin.	1836	2,842	»	»	»	»	16	»	»	»
Compagnie de Marly.	De Marly.	1836	3,313	»	»	»	»	»	»	»	»
Dᵒ d'Azincourt.	D'Azincourt.	1840	870	493,844 05	1,071	528,923 55	357	98	2	1	»
	De Thivencelles.	1840	981	»	»	»	»	»	»	»	»
Dᵒ de Fresnes-Midi.	De St-Aybert.	1840	455	»	»	»	»	»	»	»	»
	D'Escaupont.	1840	110	267,154 25	1,030	275,100 42	204	45	2	2	1
Dᵒ de Vicoigne.	De Vicoigne.	1841	1,320	969,162 00	1,054	1,021,778 54	435	115	4	1	»
Dᵒ de l'Escarpelle.	De l'Escarpelle.	1849	4,721	316,569 60	1,111	351,744 00	220	50	2	»	»
			59,252 1p2	14,329,814 20	1 fr. 125	17,399,900 97	8,944	1,900	64	19	2

P. 47.

Sans sortir des bornes du département du Nord, où la mine est loin d'être épuisée, nous devons faire remarquer qu'à l'exception des concessions d'Aniche et de l'Escarpelle, dont le périmètre s'étend sur l'arrondissement de Douai, toutes les exploitations houillères du département appartiennent à l'arrondissement de Valenciennes. Comme elles font réellement toutes partie de son bassin houiller, en ne les séparant pas dans les comparaisons suivantes et en posant en fait qu'elles apportent en moyenne une augmentation de deux millions de quintaux métriques dans les produits, nous aurons l'avantage de laisser le champ libre au contrôle des chiffres que nous reproduisons.

Parmi les 62 bassins houillers reconnus en France et dont 10 à peine fournissent des produits importants, celui de Valenciennes peut être cité comme un des plus intéressants. Les diverses variétés de combustible qu'il fournit, la quantité qu'il en livre à la consommation, ses nombreux débouchés par canaux et par chemins de fer, sa position sur la frontière, le mérite des hommes qui l'exploitent, le signalent à tous les titres.

On compte en 1855 dans le département du Nord, partie du bassin de Valenciennes, 12 concessions exploitées par sept Compagnies, sur une étendue de 59,252 hectares dont 16,571 de l'arrondissement de Douai ; ce qui montre 42,681 hectares concédés dans l'arrondissement de Valenciennes sur 62,978, qui forment la totalité de son territoire. Ce bassin tient le premier rang en France quant à la surface.

Voici l'état de ces concessions et de leurs productions respectives en 1854 ; ce document, nous le devons à M. Boudousquié, ingénieur en chef des mines de l'arrondissement minéralogique de Valenciennes, dont la complaisance et les lumières ont été inépuisables pour nous seconder dans cette tâche.

(Voir le tableau ci-contre.)

La statistique des mines, dont le relevé s'arrête en 1852, montre que les produits de nos houillères se répandent dans seize départements et se trouvent en concurrence avec la houille belge dans douze, avec la houille anglaise dans neuf, avec celle de Sarrebruk (Prusse) dans deux, sans parler des houilles françaises d'autres provenances qu'ils rencontrent sur les mêmes marchés qu'eux. Ces appréciations ne peuvent être qu'approximatives ; nous croyons plus exact de dire que nos houilles, pour la plupart de qualités exceptionnelles, arrivent maintenant partout où les chemins de fer et les canaux les portent sans trop forte exagération de frais de transport.

Jusqu'en 1848 la production du bassin de Valenciennes a été progressive ; elle a un peu faibli en 1848 et en 1849, pour se relever plus forte que par le passé, et atteindre en 1854 un chiffre de 14,329,814 quintaux métriques. Le tableau suivant rend bien sensible cet accroissement successif dans l'extraction.

PRODUITS DES HOUILLÈRES DU BASSIN DE VALENCIENNES.

MINES DU DÉPARTEMENT DU NORD.

Vers	1790	3,790,000	quintaux métriques.
Vers	1800	2,400,000	id.
En	1810	2.318.382	id.
En	1820	2,386,792	id.
En	1830	3,238,378	id.
En	1840	8,368,090	id.
En	1843	8,577,830	id
En	1844	9,271,763	id.
En	1845	9,458,027	id.
En	1846	10,391,726	id.
En	1847	12,456,513	id.
En	1848	9,273,100	id.
En	1849	9,623,400	id.
En	1850	10,016,800	id.
En	1851	10,305,100	id.
En	1852	10,728,500	id.
En	1853	13,278,696	id.
En	1854	14,319,814	id.

Cette production élevée, qui place le bassin de Valenciennes après celui de la Loire, au deuxième rang d'importance, est cependant toujours au-dessous des besoins du seul département du Nord. La Belgique et l'Angleterre y importent annuellement environ 8,000,000 de quintaux métriques de houille. Cette quantité surpasse cependant le déficit de la production sur la consommation. Ainsi, en 1852, de 14,979,300 quintaux métriques que le département a consommés, 5,498,400 seulement provenaient du bassin de Valenciennes, dont l'extraction avait été cependant de 10,728,500 quintaux métriques.

En jetant les yeux sur le relevé des produits du bassin de Va
lenciennes, par espèce, ainsi qu'ils sont dénommés dans la sta
tistique officielle des mines, on peut y trouver les éléments d'une
appréciation de ces anomalies.

QUANTITÉS DE HOUILLE EXTRAITES (*)

ANNÉES	FRANCE.			DÉPARTEMENT DU NORD.		
	ANTHRACITE.	HOUILLE GRASSE A LONGUE FLAMME.	TOTAL DES COMBUSTIBLES EXTRAITS.	ANTHRACITE.	HOUILLE GRASSE A LONGUE FLAMME.	TOTAL DES COMBUSTIBLES EXTRAITS.
	quint. mét.					
1847	6,590,298	26,237,949	51,532,046	4,274,292	8,182,221	12,456,513
1848	5,422,394	18,718,008	40,004,330	3,370,960	5,902,155	9,273,100
1849	5,647,204	18,573,527	40,492,200	3,774,870	5,848,484	9,623,400
1850	5,491,777	19,456,519	44,335,700	3,622,625	6,394,149	10,016,800
1851	6,559,229	22,916,545	44,850,337	4,107,083	6,197,984	10,305,100
1852	6,915,341	24,670,236	49,039,259	4,270,200	6,458,258	10,728,500
1853				4,176,500	9,102,916	13,278,696
1854				4,498,786	9,831,028	14,329,814

(*) Ne voulant fournir ici que des données comparables nous avons négligé de relever, dans les produits houillers de la France, les espèces que l'administration des mines ne reconnaît pas dans le bassin de Valenciennes.

4.

Indépendamment de ce que les charbons de forges de Douchy et de Denain, les charbons de grilles à longues flammes d'Anzin, ne sont pas assez abondants, comme on le voit, pour les exigences de l'industrie, les circonstances locales commandent en général les sources d'approvisionnement. L'arrondissement d'Avesnes appelle ses combustibles des charbonnages de Mons et de Charleroi. Les villes de Roubaix et de Tourcoing reçoivent la houille partiellement d'Aniche, mais énormément de Belgique, par l'Escaut et le canal de l'Espierres. Avant 1853, leurs intérêts pécuniaires ne permettaient pas qu'il en fût autrement : les houilles d'Anzin devaient, pour y arriver, payer par l'Escaut un droit de transit en Belgique qui ne faisait qu'ajouter aux préférences que les charbons belges méritaient par leur bas prix. Depuis que les cours se sont équilibrés, la compagnie d'Anzin, dont les relations étaient établies ailleurs, n'a pu fournir aux demandes de ces centres industriels ; ces localités continuent donc, comme par le passé, à s'approvisionner à l'étranger.

D'un autre côté, la sortie du département d'une quantité considérable de combustible appelée à concourir à l'approvisionnement des autres départements, doit nécessairement être complée. Les anthracites de Fresnes, de Vieux-Condé, de Vicoigne, si propres à la cuisson des briques et de la chaux, présentent, pour ces emplois, sur place, un excédant notable, excédant qui se répand dans l'intérieur de la France et en Belgique.

L'exportation par la frontière belge était annuellement, avant 1789, de 800,000 quintaux métriques. Elle se continua sous l'Empire alors que par la réunion des deux pays, les barrières de douanes avaient disparu. A la Restauration, le tarif belge porta un coup funeste à nos établissements de houille maigre. Le droit de 33 c. permit une exportation très-restreinte qui n'atteignait, en 1852, que 79,200 quintaux métriques ; elle s'est élevée en 1853 à 121,264 quintaux métriques ; en 1854 à 499, 600 quintaux métriques. Cet accroissement, attribuable pour 1853 à la hausse des prix des charbons belges pendant que le cours des nôtres était resté stationnaire, bien visiblement pour 1854 à la suppression de tout droit à l'entrée du royaume de Belgique, a amené brusquement l'exportation du bassin de Valenciennes à un chiffre supérieur à celui de l'exportation de la France entière pendant toutes les années précédentes. L'année 1855 donnera certainement un chiffre encore supérieur.

Le rapprochement établi, à dessein, dans le tableau ci-dessus entre les produits du bassin de Valenciennes et les produits similaires de la France, ne démontre-t-il pas aussi toute l'importance de nos mines, ne dit-il pas implicitement qu'elles donnent au pays :

Le quart de la totalité des combustibles qu'on extrait en France ;

Le tiers de la houille grasse à longue flamme ;

Les deux tiers de l'anthracite qu'on y exploite.

Cette comparaison deviendrait plus favorable encore si l'on admettait dans la consommation les houilles anthraciteuses, dont l'emploi est économique, et dont l'extraction peut être des plus abondantes.

Ces richesses minérales ne sont pas de celles dont la mise au jour s'obtient sans mérite. Le Comité de l'arrondissement de Valenciennes a admis avec orgueil les représentants de ces exploitations. Si les exigences du catalogue ne montrent dans la 1re CLASSE que la Compagnie des mines d'Anzin, la 4e, la 6e, et la 22e présentent l'exposition d'appareils d'extraction, de sondage, d'aérage et de sûreté qui se rattachent trop directement aux houillères pour ne pas rappeler ici leur inscription.

COMPAGNIE DES MINES D'ANZIN.

LA COMPAGNIE DES MINES D'ANZIN n'a jamais concouru par elle-même à aucune exposition. Dans l'intérêt général et pour témoigner que ses travaux sont à la hauteur de sa position et de ses ressources.

ELLE EXPOSE :

1° *Un spécimen de chacune des différentes espèces de Charbon que produisent ses concessions, avec indication des usages et de la provenance ;*

2° *La représentation, en relief, d'une exploitation de houille ;*

3º Des modèles réduits de quelques-unes des machines-appareils ou système servant à l'extraction ;

4º Un modèle, à l'échelle de 1/5º, du parachûte Fontaine ;

5º Un modèle de revêtement en bois, dit cuvelage, *placé dans les puits de mine pour les mettre à l'abri des eaux supérieures au terrain houiller ;*

6º Le modèle réduit des divers outils et ustensiles à l'usage des mineurs ;

7º Echantillons de diverses fabrications qui se font dans les ateliers mêmes de la Compagnie ;

8º Quelques vues prises de ces ateliers et des fosses, gares et ri vages de la Compagnie.

Cet ensemble, cette représentation détaillée de ses forces individuelles sont de nature à servir d'enseignement aux hommes du métier, aussi bien qu'aux personnes les moins familiarisées avec ces sortes de travaux.

La Compagnie des mines d'Anzin, l'aînée de nos sociétés houillères, a longtemps fourni des modèles et des bras à ses rivales. Son système d'extraction se ressent nécessairement quelquefois de l'âge des fosses et de celui des appareils qui y sont employés. On ne remplace pas des puits étroits, des galeries basses qui s'opposent à l'introduction des chevaux ; le progrès se produit chez elle successivement et sans sacrifices ruineux. Ses succès continus justifient sa bonne administration et la sagesse des vues qui président à ses opérations matérielles.

Nous ne devons pas oublier que c'est à elle, à son ingénieur, Pierre MATHIEU, que l'on doit l'introduction de la première machine à vapeur en France (1732), machine dont la puissance a été nécessaire pour enlever les masses d'eaux supérieures au terrain houiller et qui en rendaient les approches impossibles.

C'est chez elle aussi que se fit l'invention du cuvelage.

C'est par ses encouragements que le directeur de ses travaux,

Méhu, établit dans une de ses fosses un appareil offrant l'avantage de servir à la montée et à la descente des ouvriers, et de fournir en même temps une extraction considérable, continue et indéfinie de charbon, quelle que soit la profondeur du puits. Méhu, dont les profondes connaissances de l'art du mineur étaient mûries, avant l'âge, par une longue expérience, Méhu, récompensé en 1849, à Paris, par une médaille d'argent, à Londres, par une médaille ordinaire, a succombé trop tôt pour que son œuvre reçût tous les perfectionnements dont elle est susceptible.

C'est M. Fontaine, l'un de ses contre-maîtres, qui a appliqué aux câbles un parachûte, parfaitement jugé aujourd'hui, que le jury aura à apprécier isolément.

C'est à M. Cabany, directeur actuel des travaux du jour, que l'on est redevable d'un système d'essieux coudés-patents pour les wagons des galeries souterraines et d'un système d'accrochage unique pour desservir l'exploitation dans le cas de guides non interrompus.

C'est M. Déprez, dessinateur des ateliers de construction de la Compagnie, qui a imaginé un système d'arrêt et de sûreté pour les plans inclinés.

Ces perfectionnements avantageux et ces modifications économiques que la pratique sanctionne, les hommes spéciaux pourront les étudier sur le modèle réduit que la Compagnie a élevé à l'exposition.

La Compagnie d'Anzin possède 35 puits en exploitation. Son extraction a pu s'élever, en 1854, à 8,608,531 quintaux métriques de houille. Elle a, en outre, 8 puits pour l'épuisement des eaux souterraines, et 4 fosses nouvelles en creusement.

50 machines à vapeur de divers systèmes, représentant une force totale de 1524 chevaux, sont constamment entretenues en action.

Indépendamment du personnel et du matériel employé aux travaux des mines, cette Compagnie possède un vaste chantier où se trouvent commodément groupés des ateliers de construction, fonderie, chaudronnerie, scierie, charpenterie, menuiserie pour les besoins de ses établissements. Les outils, les différentes pièces admises à l'exposition montrent comment l'exécution y est comprise.

Un chemin de fer de 19 kilomètres établit une communication directe entre ses centres d'exploitation et le chemin de fer du Nord, à Somain. Divers embranchements relient les fosses de Denain avec une vaste gare sur l'Escaut. Dix locomotives sont affectées à ce service.

Toutes les qualités que réclame la direction d'une entreprise aussi vaste se trouvent personnifiées dans son conseil d'administration. Les noms de MM. le duc de Croy, le prince d'Aremberg, Thiers, J. Périer, C. Périer, de Lagrange, Chabaud la Tour, Lebret, Lambrecht sont au-dessus de toute appréciation. C'est à l'expérience, à l'immense activité de M. Lebret, l'un d'eux, qu'est confiée l'agence générale.

La sollicitude de l'administration des mines d'Anzin ne s'étend pas seulement sur les affaires d'argent, le sort des ouvriers dont les labeurs concourent à sa prospérité est l'objet de tous ses soins.

Elle n'a pas attendu les provocations ; bien avant que l'attention générale fût portée sur les travailleurs, chez elle toutes les mesures utiles étaient prises. Pour les enfants, elle a des asiles, des écoles ; pour les hommes, une organisation complète. Invalides, ils jouissent d'une pension de retraite ; vieillards, ils occupent des emplois équivalant à un repos ; malades, ils reçoivent gratuitement les soins d'un docteur et les médicaments qu'il prescrit. Enfin, en accordant à la tâche un salaire généralement assez rémunérateur, elle s'ingénie à occuper les bras oisifs dans les moments d'exubérance de production. Pour tous et pour les familles le chauffage est gratuit. A tous sont offertes des habitations, au nombre de 1,200, saines, (composées en général de deux pièces basses, deux pièces hautes, une cave, un petit jardin) et à un prix moitié moindre qu'un logement semblable ne coûte aux autres ouvriers. Le four et le puits sont les seules dépendances dont la jouissance soit commune ; l'individualité y est donc facilement respectée. La sagesse de ces dispositions ne peut rencontrer que des approbateurs.

Nous avons relevé des faits relatifs à la Compagnie d'Anzin ;

les recommandations du Comité de Valenciennes n'ajouteront rien à l'opinion favorable que son administration, que son importance et ses tendances progressives lui ont depuis longtems méritée.

MÉTALLURGIE.

5° Section. — Le département du Nord, qui produisait déjà en 1847, à lui seul, plus du septième de la quantité de fer fourni par la France entière, le cinquième de la proportion qu'elle produit au coke, n'avait en 1789 et encore en 1804 qu'un seul fourneau à traiter le minerai ; il était situé dans l'arrondissement d'Avesnes et marchait au bois ; les seules forges connues étaient aussi groupées dans le même arrondissement.

C'est à MM. RENAUD, PIOLET et à M. DUMONT, de Ferrière-la-Grande, que nous devons la création à Raismes du premier atelier de forges et de laminoirs, en 1824.

Les hauts-fourneaux ont été introduits dans l'arrondissement en 1835, par la Société de Denain. Placés à proximité des houillères, c'est naturellement le combustible minéral qui les alimente. Le minerai est tiré, principalement de l'arrondissement d'Avesnes et du Boulonnais (Pas-de-Calais), accidentellement d'autres localités où les frais de transport permettent de s'adresser. Il est regrettable que le fer carbonaté des houillères, dont on a déjà plusieurs fois tenté l'extraction, ne se soit pas rencontré en amas assez considérable et dans des conditions qui se prêtent à une exploitation continue ; la profondeur de ses gisements, le long parcours qu'il a à supporter dans la mine, les frais de recherches que sa rareté occasionne, la masse de déblais qu'il amène, l'impossibilité de loger ces déblais dans les vides intérieurs, et la nécessité de les élever au jour pour les déposer sur des terrains chèrement achetés, sont autant de difficultés qui ont entravé jusqu'ici les différentes tentatives.

La production sidérurgique de l'arrondissement de Valenciennes se trouve entièrement liée à celle de la Société des hauts-fourneaux et forges de Denain et d'Anzin. Nous devons à l'obligeance de M. Blanquet, l'un de ses administrateurs, les chiffres suivants :

Exercices.	Hauts-Fourneaux.	Fonte.
1846 — 47	2	10,118,450 k.
1847 — 48	2	10,695,944
1848 — 49	2	11,162,630
1849 — 50	2	6,799,940
1850 — 51	1	5,078,730
1851 — 52	1	4,649,401
1852 — 53	2	9,589,720
1853 — 54	3	16,224,876
1854 — 55	5	29,000,000

Comme on peut le remarquer, cinq hauts-fourneaux y sont en pleine activité et effectuent un travail remarquable. Une partie insignifiante de leurs produits est moulée en fonte de première fusion pour les besoins de l'établissement ; tout est élaboré dans des forges à l'anglaise et produit en fer :

Exercices.	Fers, rails, tôles.
1846 — 47	17,060,925 k.
1847 — 48	19,054,998
1848 — 49	11,108,147
1849 — 50	8,758,720
1850 — 51	7,661,693
1851 — 52	11,174,922
1852 — 53	16,333,841
1853 — 54	20,329,515
1854 — 55	27,000,000

Indépendamment des forges de Denain et d'Anzin, celles de MM. Dumont et Cie, à Raismes ; Leclercq, à Trith ; Dupont, à Blanc-Misseron, livrent au commerce des fers de tout échantillon ; celles de MM. Sirot-Wagret, et de Belleperche et Cie travaillent le fer nécessaire à l'activité de leurs importantes clouteries.

Ensemble, ces usines produisent de 33 à 34 millions de kilog. de fer par année.

Les fontes belges ou étrangères à l'arrondissement approvisionnent ces forges, à l'exception de celles de Denain et d'Anzin, qui ne reçoivent du dehors que des fontes au bois, destinées à subir l'affinage au bois pour les tôles de locomotives.

Ces établissements, bien dirigés, admettent tous lés perfectionnements dans une sage mesure ; partout la vapeur est engendrée par la chaleur des fours à reverbères. L'énumération des moyens de production des exposants admis en dit assez sur la nature et le bon choix de l'outillage.

En l'an III, Raismes possédait une fonderie en vieux fer, fournissant quelques ustensiles de ménage, des bombes, des boulets, de petites pièces de canon ; aujourd'hui, neuf ateliers de moulerie et quelques autres moins importants, disséminés sur le territoire, produisent des objets de tout genre, en fonte de deuxième fusion.

Sans nous arrêter ici à ces vastes ateliers de grosse chaudronnerie et de clouterie, dont les produits sont classés dans le deuxième groupe, nous ferons remarquer, qu'à tous les titres, l'industrie métallurgique de l'arrondissement de Valenciennes devait avoir droit d'asile à l'Exposition universelle.

MM. DUMONT ET Cie, *à Raismes*,

EXPOSENT :

Diverses espèces de Fer.

Occupent 110 ouvriers.

Emploient six générateurs, trois machines, ayant ensemble une force de 65 chevaux, fours à pudler et à réchauffer, laminoirs, fonderies, ateliers de tôle, produisant de 2 à 3 millions de kilog. de fer, d'une valeur de 700 à 850,000 fr.

M. DUMONT, propriétaire de hauts-fourneaux et de forges dans l'arrondissement d'Avesnes, le doyen des métallurgistes du Nord, a été en 1824 l'un des fondateurs de ces ateliers de forges et laminoirs, dont les produits ont été facilement acceptés par le Comité local.

Cette usine, habilement dirigée par **M. Raux**, offre l'aspect d'un établissement bien assis. Une ancienne pratique en a parfaitement arrêté tous les détails. L'ordre est partout. Ses fers sont généralement recherchés.

Ces mérites ne sont pas les seuls titres de **M. Dumont** à la bienveillance du jury ; nous aurons l'occasion de signaler encore dans le deuxième groupe la clouterie de Raismes, dont il est le propriétaire.

SOCIÉTÉ ANONYME DES HAUTS-FOURNEAUX ET FORGES DE DENAIN ET D'ANZIN.

Expose :

Rails, Tôles et Fers divers.

Si ces rails de 15 mètres de longueur, si ces tôles de 10 mètres ne disaient pas suffisamment l'importance des ateliers de la Société, l'énumération des moyens de production dont elle dispose en donnerait bientôt la démonstration.

Ils consistent en :

21 machines motrices à vapeur de 772 chevaux de force totale ;
 5 hauts-fourneaux au coke ;
56 fours à pudler ;
27   id. à réchauffer ;
 4 gros marteaux, 3 presses pour les loupes ;
 3 trains cingleurs ;
 3   id.   pour fer marchand et rails ;
 3   id.   pour les tôles ;
 2 marteaux-pilons pour préparer les brames, scies circulaires, machines à percer, à raboter, pour les rails ;

1,800 ouvriers qu'elle emploie conduisent à une production de 21 millions de kilog. environ de rails, tôles et fers dont la valeur est estimée à 7 millions de francs.

28 à 30 millions de kilog. pourront être produits en 1855.

Indépendamment du travail du fer, la Société exploite des minerais et de la castine pour la fabrication de 30,000 tonnes de fonte et fait pour ses besoins 40 à 45,000 tonnes de coke, dont une partie dans des fours cylindriques d'une construction particulière, dus à M. L. Talabot.

Des 4,000 hectolitres de houille, brûlés chaque jour dans les établissements de Denain et d'Anzin, rien ne se consume exclusivement pour donner le mouvement aux machines. Ces forges sont les premières dans le Nord où l'on ait employé, avec succès, pour le chauffage des générateurs, la chaleur perdue des fours à pudler et des fours à réchauffer. On n'a pas non plus omis d'utiliser celle qui s'échappe du *gueulard*.

Le jury départemental émettant son opinion sur cet établissement, en 1849, disait : « Denain est sans contredit aujourd'hui » l'établissement métallurgique le plus important et le plus » complet du nord de la France. Il justifie pleinement la faveur » dont jouissent ses produits. »

Ces éloges de 1849 ne sont que plus mérités en 1855. L'importance de cette Société et les exigences de sa gestion se sont accrues de la mise en train des hauts-fourneaux et des forges d'Anzin. La difficulté de soutenir, sur une plus grande échelle, la réputation de ses produits n'a pas effrayé le conseil d'administration. Le succès a répondu à sa confiance. C'est un fait rare en France que de voir cinq hauts-fourneaux produisant chacun, régulièrement, par journée de travail, 20 tonnes de fonte. Le mérite de ce résultat revient au conseil d'administration, digne de son honorable président, M. Léon TALABOT, et à M. WATERNAU, administrateur délégué, dont l'activité réfléchie supporte noblement un aussi lourd fardeau.

Comme dans tous les grands établissements du Nord, le sort des familles ouvrières n'a pas été négligé ; la moralisation est le but constant que poursuit M. Waternau, instigateur de plusieurs œuvres de fraternité chrétienne. Treize sœurs de Saint-Vincent-de-Paule lui servent d'intermédiaires ; tous les objets de ménage et de consommation de première nécessité sont tenus par elles à la disposition des ouvriers et cédés sans bénéfice ; deux ouvroirs, deux salles d'asile, deux écoles fréquentées par

350 élèves, deux chapelles sont le complément de cette sage et utile institution.

Une médaille d'or a été décernée en 1844 à la Société des hauts-fourneaux, forges et laminoirs de Denain et d'Anzin.

Un rappel de la même médaille a été fait en 1849.

A nos yeux, cette Société s'est placée bien au-dessus de son ancienne réputation.

CLASSE III.

AGRICULTURE.

La région du nord de la France est dans d'excellentes conditions pour que son agriculture soit prospère. Le climat, la surface plane de son territoire, la nature du sol, l'épaisseur de la couche arable la favorisent. Son climat l'expose l'hiver a des gelées souvent assez rigoureuses pour diviser le sol, pour détruire les animaux nuisibles ; les chaleurs de l'été ne sont jamais assez fortes pour compromettre aucune espèce de récolte ; et toutes les saisons sont accompagnées de pluies plus fréquentes qu'abondantes, dont l'excès seul est à redouter. La terre arable de l'arrondissement de Valenciennes, d'une couche souvent de plus d'un mètre d'épaisseur, est un mélange d'argile et de sable dans des proportions variables ; l'élément calcaire en est presque complètement absent. Ces terres sont tantôt grasses, fortes, comme dans le canton de Valenciennes ; tantôt plus légères, plus sablonneuses, comme dans les cantons de St-Amand et de Condé ; toujours assez riches en phosphates pour céder ces sels minéraux aux céréales, à la chicorée, à la betterave et pour que le noir de raffinerie qui va fertiliser les plaines de la Bretagne soit sur elles sans effet sensible ; elles sont toujours assez pourvues de sels alcalins solubles, pour que la betterave qui enlève par hectare et par récolte 60 kilog. de ces substances salines, trouve à y satisfaire les nécessités de sa végétation.

Ces dons de la nature rendent nos terres propres à toutes les espèces de culture. Autrefois la vigne y était cultivée, le hameau dit *le Vignoble*, à 2 kilomètres environ de Valenciennes, rappelle cette production et le lieu où elle était entretenue. Les environs de Bouchain et de St-Amand ont toujours fourni les lins les plus beaux et les plus fins ; du temps de Pline, il croissait dans le pays une espèce de blé dit *Brancé* qui donnait quatre livres de pain de plus qu'aucun autre ; une charte du IX° siècle parle de champs et de près du plus grand produit sur le territoire de Denain (1) ; les plantes médicinales sont dans le canton de Condé l'objet de soins tout spéciaux ; les plantes industrielles, le chanvre, le colza, le houblon, la chicorée, la betterave, rencontrent partout de bonnes circonstances pour leur développement.

Ce n'est point à ces seuls avantages naturels qu'il faut attribuer la supériorité de l'agriculture du nord de la France. On reconnaîtra sans doute avec nous qu'une bonne part de cette supériorité exceptionnelle revient à ses habitants ; car l'on sait quelle influence exercent sur les récoltes la préparation et l'entretien des terres, les méthodes de culture, le choix judicieux des engrais et les soins incessants. Qu'on nous permette de reproduire à l'appui de cette assertion des opinions désintéressées qui ont été émises à ce sujet.

Après s'être appesanti sur la beauté des cultures flamandes, Arthur Young dit : (2) « C'est près de Bouchain (que je ne me lasse
» pas de citer), que commence la ligne de démarcation entre
» l'agriculture française et la flamande, et cette ligne s'accorde
» exactement avec celle qui séparait les deux états de France et
» de Flandre. Ligne tracée entre le despotisme de la France qui
» déprimait l'agriculture et le gouvernement libre des provinces
» de Bourgogne qui la chérissait et la protégeait. »

L'abbé Rosier écrit, après avoir signalé les merveilleuses qualités du sol : « L'on doit dire, à la louange des Flamands, que
» leur industrie, leur application pour la culture des terres,
» surpasse encore l'excellence et la fertilité de celles-ci. »

On lit dans la statistique du département du Nord, par Dieudonné (1804) : « Une dernière cause morale de l'état florissant
» de l'agriculture dans le département du Nord, et sans laquelle

---

(1) Dieudonné.

(2) Savant agronome anglais qui parcourut nos provinces de 1787 à 1789.

» les autres seraient restées sans effet, c'est le génie industrieux
» et l'infatigable assiduité au travail des cultivateurs. »

MM. les Inspecteurs de l'agriculture, dans *l'Agriculture française (département du Nord)*, ouvrage publié par ordre du ministre, font cette appréciation : « Rien de plus riche et de mieux
» cultivé que ces localités, la nature a beaucoup fait pour ce
» pays, mais l'intelligence et l'industrie de ses habitants en ont
» tiré surtout le plus grand parti. »

L'arrondissement de Valenciennes peut sans injustice reven-
diquer sa part de ces honorables témoignages qui s'adressent
au département tout entier.

S'il était possible d'ajouter la moindre confiance aux anciens
documents statistiques, alors qu'on sait à quelle singulière pratique Arthur Young recourait pour obtenir des renseignements
qu'il ne pouvait se procurer, nous montrerions les progrès de
notre agriculture en rapprochant les rendements d'autrefois des
rendements d'aujourd'hui (1).

En ne mentionnant qu'à titre de renseignement même les
plus récents documents, qu'il est si difficile de contrôler, la différence paraîtra assez sensible pour faire admettre que nos cultivateurs sont toujours à la tête du progrès agricole.

En 1785, l'hectare de terre ensemencé de froment ne produisait en moyenne en France, que 6 hectolitres, 2 litres ; —
en 1788, 8 hectolitres ; — en 1840, 14 hectolitres. Dans le département du Nord, la même surface rend en moyenne 22 hectolitres ; dans l'arrondissement de Valenciennes de 28 à 30 hectolitres.

On comprend que ces moyennes sont d'autant moins avan-

---

(1) «Ayant vainement cherché des nombres exprimant l'étendue des différentes
parties du territoire, divisé d'après son état physique et agricole, Arthur Young
imagina d'obtenir ces données statistiques par le procédé suivant : il porta ses
belles et nombreuses observations sur une carte de la France qu'il découpa soigneusement, d'après leurs indications ; il pesa chacun des fragments, puis en
comparant le poids total de la carte à l'étendue de la surface qu'elle représentait,
il détermina le rapport de ces deux termes et le chiffre de chaque poids partiel
lui donna celui de chaque espèce de superficie. » —*(Rapport au roi. Statistique de
la France. 1840.)*

tageuses qu'elles sont prises sur une étendue plus considérable et qu'une plus grande quantité de terres peu fertiles entrent dans le calcul. La comparaison, pour être équitable, devrait s'établir entre une même quantité de bonnes et de mauvaises terres. A défaut de pareil travail, le raisonnement doit y suppléer.

Les agronomes qui ont visité l'Angleterre, qui en ont apprécié les plus belles, les plus riches exploitations, citent des chiffres de 30, 35 et même de 40 hectolitres de froment à l'hectare. M. de Gourcy a mentionné fréquemment un rendement de 35 hectolitres en 1851, année de bonne récolte. Dans l'arrondissement de Valenciennes, les récoltes de 35 hectolitres sont communes dans les bonnes fermes. M. Hamoir, de Saultain, assure avoir obtenu 50 hectolitres en blé blanc d'Armentières ; M. Baillet, de Denain, a récolté 60 hectolitres de blé roux à l'hectare. Ces chiffres, bien entendu, ne représentent pas un rendement moyen ; mais M. Gouvion, de Denain, sur 54 hectares cultivés en froment de diverses variétés, a obtenu, pour son exploitation entière, en 1854, un chiffre moyen de 42 hectolitres. L'Angleterre, la Lombardie, la Belgique, la Beauce et la Normandie qui sont avec le Nord reconnus comme les pays les plus favorisés, n'offrent pas, que nous sachions, de semblables résultats. Est-ce donc à tort que nous considérons l'arrondissement de Valenciennes comme un de ceux où l'agriculture est la plus productive ?

En 1794, on y connaissait cependant encore la jachère ; la culture n'était pratiquée que deux années sur trois. La chicorée, introduite dès 1798 à Onnaing-lez-Valenciennes, la betterave appliquée à la fabrication du sucre, ont amené par la nature de leur culture des améliorations incontestables. Le sol a été plus ameubli, mieux débarrassé des plantes parasites ; le bétail est devenu plus abondant, les engrais ont été donnés à la terre en quantité plus considérable. Des hommes instruits mais étrangers aux travaux des champs se sont fixés dans les campagnes ; l'aptitude qu'ils avaient montrée dans les affaires commerciales ou industrielles, ils l'ont dirigée vers l'agriculture. Les pratiques agricoles se sont ressenties de leur esprit d'observation, de la sagesse de leurs vues. L'alliance de l'industrie et de l'agriculture dans leurs mains les a rendus plus hardis en permettant de combler, par les bénéfices industriels, le déficit que les innovations agricoles occasionnent quelquefois. La routine, spectatrice de leurs essais, a dû se rendre à l'évidence des faits, s'est em-

parée des méthodes favorables et a accepté les instruments aratoires perfectionnés. Parmi les hommes auxquels l'arrondissement doit reporter une part de cette influence, il est de notre
devoir de citer MM. Désiré Blanquet, Amédée Hamoir, Numa
Grar et Gouvion qui, les premiers, ont frayé la route qui a été si
promptement élargie.

En 1835, l'arrondissement de Valenciennes comptait déjà 45
fabriques de sucre et 15 fabriques de chicorée. De nombreuses
brasseries, des distilleries de grains, des fabriques d'huile, dont
les résidus fournissent aussi une nourriture des plus favorables
à l'engraissement du bétail, donnaient à l'agriculture des engrais
et une source de richesse de plus. Le plus beau problème social
se trouvait en même temps résolu. L'ouvrier des campagnes
trouvait, dans les usines, du travail assuré pour l'hiver; son
aisance, son bien-être devaient se traduire par une amélioration
dans la petite culture.

De ce moment le progrès est de plus en plus marqué. La Société impériale d'agriculture, sciences et arts de l'arrondissement
de Valenciennes, fondée en 1831, commençait, dès sa naissance,
à exciter l'émulation, à imprimer une impulsion salutaire. Rela-
ter ses efforts, c'est faire l'énumération de nos moyens et montrer comment nous sommes arrivés successivement à l'état actuel.

Depuis son origine (1), cette Société est demeurée fidèle à son
titre, elle a puissamment concouru dans le pays à l'encouragement
de l'agriculture, des sciences, des lettres et des arts. Les intérêts industriels menacés l'ont toujours trouvée prête à les dé-
fendre (2), mais les progrès de l'agriculture ont été le but constant
et essentiel de ses efforts.

Dans nos contrées, où l'agriculture a toujours été en renom,
les cultivateurs, fiers de leur supériorité pratique, suivaient avec
obstination les conseils et la routine, dédaignaient ceux de la
théorie et surtout les avis des *hommes de la ville.* Quoique plus

---

(1) La première Société d'agriculture, en France, paraît avoir été celle de
Bretagne fondée en 1757. Valenciennes en possédait une en 1763, sous le nom de
Société royale d'agriculture du Hainaut.

(2) Parmi les questions dont elle s'est plus spécialement occupée, nous citerons
celle des sucres, si souvent agitée, celle des droits de douane, des entrepôts, des
alcools et des houilles.

justifiée que partout ailleurs, cette résistance devait être vaincue. Il fallait obtenir la confiance avant d'espérer faire admettre le moindre perfectionnement. La Société y est heureusement parvenue.

Elle doit principalement ce succès à l'un de ses plus anciens membres, au zèle infatigable, à la ferme volonté, aux connaissances des habitudes locales de l'honorable Président que le vote de la Société maintient à sa tête depuis plusieurs années, M. Edouard Grar, l'un des auteurs de la *Flandre agricole*. Le concours actif et éclairé qu'il a rencontré dans les présidents des Comices organisés sur quatre points du territoire (1), l'appui des principaux cultivateurs du pays, ont aussi puissamment contribué à établir l'influence de la Société et à faire accepter ses conseils dans les campagnes. Pour être juste envers tout le monde, le Comité local ne doit pas oublier de signaler l'homme qui entretient le mouvement de ces rouages, M. Adolphe Martin, dont l'intelligence et la modestie soutiennent l'activité pour remplir utilement les fonctions de secrétaire général que la Société parait lui conférer à titre perpétuel.

Les concours publics de bestiaux, de labourage, d'instruments aratoires organisés tous les ans par les soins de la Société, ont souvent emprunté à la présence des premiers magistrats du département, de membres de l'Institut, de délégués de la Société d'encouragement, ou de la Société centrale d'agriculture de Paris, un lustre bien fait pour accroître l'intérêt de ces solennités et l'émulation qu'elles inspirent. Les concours de labourage où nous avons pu voir jusqu'à 50 laboureurs traçant en même temps leur sillon sous les yeux des populations environnantes, ont servi à introduire, pour les labours après l'hiver, l'usage du *brabant*, charrue repoussée jusque là avec obstination, à cause de la supériorité incontestable du *harna*, charrue du pays, excellente pour les labours d'automne. Ils servaient encore à entretenir le zèle et à permettre de juger à l'œuvre les nouveaux instruments créés ou importés dans l'arrondissement.

Les concours de bestiaux ont exercé une influence non moins

---

(1) Ces quatre Comices ont leur siège à Valenciennes, à Condé, à St-Amand et à Denain. Ils relèvent de la Société. Celle-ci est en outre divisée en cinq Sections: horticulture ; sciences et manufactures ; histoire et littérature ; peinture, sculpture et architecture ; musique. Les travaux de ces Comices et de ces Sections viennent aboutir à une *Section centrale* chargée de les coordonner.

5.

salutaire. Le gros bétail s'était considérablement accru, mais la race en était abâtardie. Il fallait ou l'améliorer ou la remplacer. La Société s'arrêta au parti de la régénération. A cet effet, elle confia à quelques-uns de ses membres la mission de se rendre chaque année dans la Northolland, afin d'acheter un lot de 6 à 8 taureaux qu'elle cédait à perte, à la condition de les conserver pour la saillie pendant un temps déterminé. Le succès fut complet. Plus de 500 élèves ont été faits en deux années, et le commerce se substituant à la Société, amena au dernier concours, 30 taureaux arrivant de la Hollande. La race porcine réclamait des améliorations, la Société s'appliqua à les réaliser. Elle y réussit par l'introduction des races anglaises de Hampshire et de Berkshire. L'introduction des poules cochinchinoises suivit celle des couveuses artificielles.

Indépendamment des concours de bestiaux dont il vient d'être parlé, des primes ont été instituées en faveur de la moyenne et de la petite culture, pour l'*éducation*, le *travail* et l'*hygiène* du bétail. Des visites sont faites dans les fermes pour constater 1° l'importance relative en chevaux, bœufs, etc., avec la quantité de terres cultivées ; 2° l'état des étables et écuries ; 3° la manière de recueillir et de conserver les engrais. Ces concours ont lieu à la même époque dans les quatre Comices et celui de tous les lauréats qui en est jugé le plus digne reçoit un prix d'honneur.

Les concours d'instruments aratoires ont excité à la fois l'amour-propre des constructeurs et des cultivateurs. Les premiers ont apporté à nos charrues, binots, rouleaux, etc., des améliorations successives et importantes. Les seconds, la plupart membres de la Société, ont importé dans l'arrondissement des instruments nouveaux: hache-paille, moulins à concasser l'avoine, batteur mécanique, semoirs divers, extirpateurs, voiture agricole à essieu-patent d'une traction facile, charrues-américaines appropriées aux besoins du pays et qui, en Belgique, sous les yeux d'une commission nommée par le gouvernement, ont obtenu un plein succès contre les charrues de nos voisins et les charrues anglaises, pour la célérité et la perfection du travail.

L'ensemencement en ligne des céréales et autres graines a été, depuis l'origine de la Société, l'objet de sa constante sollicitude. Là encore il fallait lutter contre des difficultés sans nombre. Des médailles ont été décernées, des instruments ont été achetés, revendus à perte, prêtés et même donnés. Enfin, le but a été atteint par la création de *semeurs en ligne* se transportant avec leur semoir dans les exploitations où l'expérience n'a pas tardé a faire reconnaître la supériorité de sa méthode; son application récente à l'ensemencement des chicorées a fait constater une économié de plus de 30 fr. à l'hectare sur la semence, de moitié sur les frais de *rasetage*, et d'un tiers sur ceux *d'arrachage*. La petite culture, pour qui l'achat d'un semoir était une charge, put ainsi profiter d'un avantage auquel sans cela elle eut dû renoncer. Pour compléter son œuvre, la Société vient de prendre des mesures à l'effet de créer des semoirs communaux dont les cultivateurs pourront se servir, moyennant une légère redevance destinée à l'entretien. Afin d'assurer la réalisation de ce projet, la Société entre pour 400 fr. dans l'achat des quatre premiers semoirs.

De nouvelles plantes céréales et oléagineuses ont été introduites, notamment le blé Hyckling, dit *blé roux anglais*, qui s'est rapidement propagé en donnant des résultats inespérés et le colza du Holstein dont le rendement est de beaucoup supérieur à celui du colza ordinaire.

Les efforts les plus louables ont été faits pour combattre la maladie de la pomme de terre; les meilleures espèces, spécialement celles régénérées, ont été achetées et revendues par la Société; des instructions simples et concises ont été publiées par ses soins et distribuées aux cultivateurs. Une amélioration s'est fait sentir ; les essais continuent avec le plus grand zèle.

Faire produire à la terre tout ce qu'elle peut produire, tel est le but de la science agricole; et un pas vers ce but est un progrès. La Société l'a compris en recommandant et en récompensant les *cultures dérobées*, c'est-à-dire celles qui permettent d'obtenir trois récoltes en 2 ans, soit choux, carottes, navets, etc., etc., sans rien diminuer de la production des céréales et des betteraves. C'est ainsi qu'elle est arrivée à rendre pratique et à répandre la culture très-profitable des rutabagas, culture qu'à l'origine elle préconisait en vain.

De bonnes voies de communications sont indispensables à l'agriculture et surtout à l'agriculture industrielle. La Société s'est préoccupée du soin de mettre la vicinalité à même de répondre à tous les besoins. Des concours ont été ouverts entre tous les maires de l'arrondissement, des médailles d'or ont été décernées à ceux d'entre eux qui, par leur zèle, par leur influence personnelle ont fait le plus et le mieux, eu égard aux ressources dont ils pouvaient disposer. Les plus beaux résultats ont été constatés et se sont succédé, à ce point qu'aujourd'hui toutes les communes sont reliées aux routes impériales par des pavés ou des chemins macadamisés. On en vient à améliorer les chemins qui conduisent aux champs, et certaines communes qui, il y a quinze ans à peine, n'avaient que des chemins de terre, font aujourd'hui des trottoirs.

D'importants travaux *d'irrigation* ont été récompensés ; la Société a aussi encouragé et patroné les études d'un projet de dessèchement faites en vue de rendre à la culture 500 hectares de terre que lui avaient enlevés les exigences de la navigation. Ce projet a reçu la sanction de l'autorité ; les travaux sont aujourd'hui en voie d'exécution.

L'assèchement des terres, le *drainage* a été tenté dans quelques communes ; la Société cherche à le propager sagement ; elle offre des prix pour les applications intelligentes de cette méthode, et fait faire publiquement des modèles de ces sortes de travaux sur le terrain de ses concours. Ses incitations ont valu à l'arrondissement une fabrique de drains.

On ne peut le nier, la Société d'agriculture de Valenciennes a fait sentir son action sur toutes les questions qui touchent à son domaine, son rôle utile est hautement constaté. Un décret du président de la République du 21 juin 1851 l'a reconnue établissement d'utilité publique ; quatre cents personnes s'y sont rattachées ; une publication mensuelle initie tous ses membres aux nouvelles conceptions, les provoque au travail, au progrès.

Quand, dans un pays qui renferme de pareils éléments de prospérité, toutes les volontés tendent vers un même but, le succès n'est pas douteux.

Nous avons dit, et nous aurons l'occasion de le redire encore, à quelle production élevée nos agriculteurs sont parvenus dans la culture du froment.

La betterave peut être considérée comme rendant en moyenne 40,000 kilog. à l'hectare, bien que ce chiffre soit souvent considérablement dépassé. Jusqu'ici l'intérêt agricole domine l'intérêt industriel pour cette culture ; on se montre généralement plus préoccupé du poids que de la richesse saccharine de la récolte. Comme le sol ne suffit pas aux besoins des sucreries et des distilleries, la concurrence pour l'achat de la matière première fait négliger de tenir compte de ce précieux élément de succès industriel. Les agriculteurs, en même temps fabricants de sucre, ont cependant commencé depuis plusieurs années, depuis que le saccharimètre peut leur servir de guide, à choisir les espèces les plus saccharifères. Ils proscrivent soigneusement la *bouteuse* ; la betterave à peau rose, celle à collet vert se partagent leurs préférences. Les porte-graines sont choisis parmi les betteraves les plus régulières, les plus disposées à s'enfoncer dans le sol, parmi les plus denses. Ceux-là obtiennent des résultats que ne désavoueraient pas les excellents fabricants de sucre de Magdebourg dont tous les efforts ont dû tendre à enrichir la betterave, puisque chez eux le droit se perçoit d'après le poids de la racine employée. Quelle qu'elle soit, cette racine rend en poids et pécuniairement d'excellents services aux agriculteurs ; son prix normal est de 18 à 20 fr. les mille kilog.

La chicorée est pour le sol, pour le producteur, une culture des plus profitables. Les prairies produisent en moyenne 47 quintaux 1/4 de récolte. Enfin toutes les cultures sont remarquables par leurs produits.

Les terres sont en si bon état d'entretien qu'il est impossible de déterminer le genre d'assolement auquel elles sont soumises ; généralement on fait succéder le blé à la betterave ; mais pour les autres cultures il n'est pas de règle de conduite établie. La terre préparée attend souvent et reçoit au dernier moment la semence que l'intérêt le plus grand commande de lui confier. L'agriculture sait se prêter ici aux calculs aléatoires du commerce, aux exigences de l'industrie. Il faut bien qu'il en soit ainsi : Si les récoltes étaient moindres ou de moins de valeur, serait-il possible de payer la location des terres jusqu'à 260 fr. ou le fonds jusqu'à 13,000 fr. l'hectare ?

Le territoire de l'arrondissement de Valenciennes ne se trouve pas, comme ceux des contrées moins habitées, partagé entre quelques riches propriétaires. La division de la propriété du sol est ici la règle. Aussi ne rencontre-t-on pas de grande culture proprement dite. On voit beaucoup de cultures moyennes, des exploitations de 80 à 250 hectares qui se composent encore ce-

── 70 ──

pendant d'une infinité de pièces de terre morcelées. La petite
culture est considérable.

Nous sommes assez heureux pour pouvoir présenter le tableau
de la répartition des principales cultures sur notre territoire
pour 1854.

ÉTENDUE DES PRINCIPALES CULTURES DE L'ARRONDISSEMENT DE VALENCIENNES EN 1854.

NATURE DES PRODUITS.		CANTON DE VALENCIEN^s.	CANTON DE ST-AMAND.	CANTON DE CONDÉ.	CANTON DE BOUCHAIN.	TOTAUX.	
		Hect.	Hect.	Hect.	Hect.	Hect.	Hect.
CÉRÉALES.	Froment..........	6.681 25	2,807 »	1,171 »	4,145 »	14,804 25	
	Méteil..........	7 50	91 »	15 »	127 »	240 50	
	Seigle..........	530 »	1,078 »	559 »	255 »	2,422 »	23,764 »
	Orge..........	780 25	164 »	139 »	792 »	1,875 25	
	Avoine..........	1,613 »	1,179 »	529 »	1,032 »	4,353 »	
	Sarrazin..........	» »	58 »	11 »	» »	69 »	
	Pommes de terre ...	445 65	451 »	276 »	309 »	1,481 65	1,481 65
PLANTES INDUSTRIELLES	Betteraves..........	3,367 14	988 03	859 85	1,747 95	6,962 97	
	Chicorée..........	488 30	15 65	158 92	40 74	703 61	
	Graines oléagineuses	499 »	409 »	14 »	890 »	1,812 »	9,908 96
	Chanvre..........	» »	166 »	9 25	» »	175 25	
	Lins..........	5 15	52 »	» »	145 »	202 15	
	Plantes médicinales..	» »	2 »	50 98	» »	52 98	
PRAIRIES Artificielles.	Luzerne	86 »	58 »	129 »	119 »	392 »	
	Sainfoin	41 »	» »	» »	9 »	50 »	5,000 15
	Trèfle	1,682 »	1,133 »	359 55	786 »	3,960 55	
	Mélange	464 »	» »	71 60	62 »	597 60	
	NATURELLES.......	1,683 20	1,688 »	1,570 »	945 »	5,886 20	5,886 20

En 1852, on estimait, dans la statistique quinquennale, que de ses 62,978 hectares de superficie, l'arrondissement avait environ 4,000 hectares en forêts, 6,000 hectares en prairies naturelles et 43,000 en terres labourables. Ces dernières portaient 25,000 hectares en céréales, 5,000 hectares en prairies artificielles, 7,000 en betteraves, 1,000 en graines oléagineuses, 1,500 en pommes de terre ; 3,500 étaient consacrés à des cultures diverses.

On remarquera, par l'étendue des cultures de 1854, que celle des céréales s'est restreinte ; la réduction porte sur les espèces les moins importantes ; on met moins de méteil, le sarrazin est presque abandonné ; mais la quantité de terres en froment est à peu près la même, elle était en 1852 de 14,900 hectares. (En 1839 on n'en cultivait, selon la statistique officielle, que 12,673 hectares.) Les prairies artificielles, les pommes de terre, les betteraves occupaient approximativement la même surface en 1852 et en 1854. L'élévation des prix des huiles a presqué doublé l'ensemencement des graines oléagineuses.

Les 11,000 hectares que nous possédons en prairies ne suffiraient cependant pas à l'entretien du bétail. Ainsi qu'on peut le déduire du tableau suivant, on en compte une tête pour 140 ares du domaine agricole. Le département du Nord, d'après la statistique de Royer, en possède une tête par 189 ares.

ARRONDISSEMENT DE VALENCIENNES.

ANIMAUX DOMESTIQUES.

Chevaux (hongres et entiers)	5,156	
Juments	5,472	12,839
Poulains et Pouliches	2,211	
Mulets et Mules	118	118
Anes et Anesses	503	503
Bœufs et Taureaux	1,942	
Vaches	17,021	23,631
Élèves	4,668	
Moutons et Beliers	15,985	
Brebis	5,619	24,525
Agneaux de l'année	2,921	
Boucs, Chèvres et Chevreaux	1,465	1,465
Porcs de plus d'un an	584	
Porcs de moins d'un an	4,905	5,489
Chiens	9,385	9,385

Quoique nos fermiers se livrent plus à l'engraissement qu'à l'élevage des bestiaux, depuis que la viande a augmenté de prix, les petits cultivateurs ont entrepris de faire des élèves. Les pulpes de betteraves, dont la conservation est si facile en silos, leur donnent, pendant la majeure partie de l'année, une nourriture sans laquelle le nombre de ces animaux devrait être énormément réduit.

Ce rapide aperçu servira, nous l'espérons, à faire reconnaître l'importance agricole de l'arrondissement de Valenciennes et à mettre en évidence le mérite des agriculteurs que le Comité local a admis. Ce sont :

Dans la 1re Section :

M. J. DELANOUE, géologue à *Raismes.*

Dans la 2e Section :

M. DÉFERNEZ, ingénieur civil à *Lourches.*

Dans la 3e Section :

M. CARTIER, maréchal à *Raismes.*

Dans la 4e Section :

MM. CHEVAL, cultivateur à *Estreux.*
GOUVION, cultivateur à *Denain.*
HAMOIR (Gustave), cultivateur à *Saultain.*
SAUVAGE, cultivateur à *Herrin.*

Dans la 5e Section :

MM. FALLOT, cultivateur à *St-Aybert.*
VASSEUR, cultivateur à *Crespin.*

1re Section. — Le Comité de Valenciennes, désireux de fournir sur les sols de son territoire les documents que paraissait attendre la Commission impériale en traçant son programme ;

ne pouvait mieux faire que de recourir aux lumières et à la complaisance de M. J. Delanoue. M. Delanoue, savant érudit, qui réunit deux qualités nécessaires à cette recherche, l'habileté du chimiste et les connaissances profondes du géologue, s'est empressé de répondre à cet appel.

M. J. DELANOUE, géologue à *Raismes*.

Expose ;

1° Sols et sous-sols de l'arrondissement de Valenciennes ;

2° Amendements, — Phosphates naturels, Craie glauconieuse, Chaux grasse ;

3° Manganèse cobaltifère.

C'est par circonstance que M. Delanoue expose des manganèses des mines dont il est concessionnaire dans le département de la Dordogne ainsi que du cobalt et du nickel qu'il y a découverts et qu'il est parvenu à en extraire par des procédés manufacturiers et économiques. Ces minérais sont en ce moment traités à Issy (Seine).

La note explicative que M. Delanoue a remise au Comité avec son envoi est trop précise pour ne pas trouver ici sa place.

La voici :

« *Sols et sous-sols.*—Chaque échantillon est double. Le sol et le sous-sol de chaque localité sont distincts, mais superposés dans le même bocal, comme ils le sont dans la nature.

» Le limon lacustre du *loëss* formant presque partout le sol et le sous-sol de la contrée, on n'a pas cru devoir multiplier inutilement les exemplaires.

» Un seul échantillon de sol et sous-sol appartient au vieux grès rouge du terrain dévonien auprès de Montignies-sur-Roc.

» L'hectare de *loëss* produit en moyenne 27 à 32 hectolitres de froment, celui du vieux grès rouge rapporte bien moins, mais le grain est plus petit, plus lourd et de meilleure qualité.

» Sur toutes les hauteurs que n'a pu recouvrir le limon de l'ancien lac du *loëss*, les terrains sous-jacents percent et forment des sols et sous-sols de mauvaise qualité, réservés à la sylviculture (forêts de Mormal, Raismes, etc.), ce sont les sables et graviers diluviens (1) et les sables tertiaires de Bracheux (2). Les craies blanches et glauconieuses n'altèrent pas la fertilité du sol lorsqu'elles y affleurent. M. Delanoue a négligé tous ces ilots de terrains exceptionnels.

» *Amendements, chaux de la craie blanche, craie glauconieuse, phosphate dit* tun. — La chaux présentée provient de la craie blanche sénonienne, la seule employée comme amendement dans la contrée. Elle est grasse et assez pure ; elle ne contient pas d'acide phosphorique, mais des traces de fer et très-peu de sédiment insoluble dans les acides.

» La craie glauconieuse provient d'Hordain, où on l'exploite pour pierre de taille. M. Meugy y a reconnu un à deux centièmes d'acide phosphorique et a conseillé de l'employer comme amendement ; M. Delanoue confirme ce fait et ce conseil.

»Les échantillons de phosphate proviennent d'une couche très-étendue de 0 ^{m} 60 ^{c} d'épaisseur et appelée *tun*, dans lequel M. J. Delanoue a le premier constaté la présence de 15 pour cent d'acide phosphorique, ou près d'un tiers en phosphate. Ces échantillons sont : *1° En pierre brute ; 2° En poudre ; 3° Sous forme de précipité chimique.* Plusieurs savants pensant que le phosphate précipité de ses dissolutions est plus efficace en agriculture qu'à l'état naturel, M. Delanoue n'a rien trouvé de mieux pour atteindre ce but que de dissoudre le tun en pierre au moyen des dissolutions acides de manganèse, rejetées par les fabriques de chlore. Ces liqueurs n'agissent pas seulement par l'acide libre, mais aussi par le chloride ferrique qui y abonde toujours. La liqueur encore acidule qui sort de cette espèce de cascade chimique, est neutralisée par du tun en poudre, dont la partie cal-

---

(1) Ter. campinien de M. Dumont.

(2) Système landinien   idem.

caire se dissout, en précipitant complètement l'acide phosphorique à l'état de phosphate de fer. On se contente d'égoutter ce précipité qui est obtenu, on le voit, avec une économie remarquable, puisqu'il supprime presqu'entièrement les frais de pulvérisation. L'échantillon de phosphate artificiel présenté a été préparé par ce procédé. M. Delanoue ne conteste pas la supériorité du phosphate pur et récemment précipité, mais il pense que ce tun brut en poudre sera plus économique et suffisamment efficace, lorsque les terres arables que l'on veut phosphater réuniront les trois conditions suivantes qui sont de rigueur :

1° Que le sol soit exempt de phosphate ;

2° Qu'il contienne peu ou point de calcaire, et n'ait été par conséquent ni marné ni chaulé depuis plusieurs années ;

3° Qu'il soit riche en humus naturel ou en fumier, car les dissolutions d'acide carbonique et surtout de terreau, sont les dissolvants naturels des phosphates. »

» Les sols et sous-sols du *loëss* des environs de Valenciennes ont, comme ceux de la Belgique, un besoin beaucoup plus impérieux de chaux que de phosphate. »

2ᵐᵉ *Section.* — **M. DÉFERNEZ**, ingénieur-civil, attaché aux mines de Douchy, à *Lourches.*

Expose, comme inventeur du projet de dessèchement de la vallée de la Naville :

Plans et Rapports.

Restituer à l'agriculture plus de 500 hectares de terres improductives, délivrer tout un canton de maladies pernicieuses, c'est l'œuvre à laquelle M. Défernez à consacré, avec désintéressement, son intelligence, son temps et sa volonté.

La Naville, petit ruisseau du canton de Bouchain, qui contribuait autrefois puissamment à la fertilisation des terres qu'il arrosé avant de se déverser dans l'Escaut, en amont de l'écluse de Denain, était sortie de ses rives depuis 1844. Par suite de l'élévation successive de son niveau d'eau, dans l'intérêt de la navigation, l'Escaut descendait dans son affluent et transformait en marais des terres qui se couvraient auparavant de riches moissons.

M. Défernez conçut l'idée d'établir un aqueduc-syphon, au point de jonction de la Naville à l'Esçaut, pour que les eaux puissent se jeter dans le contre-fossé de l'autre rive, et profiter, en aval de l'écluse de Denain, d'une chute de 2 mètres environ. Ce projet, aujourd'hui en voie d'exécution, donnera satisfaction aux intérêts hygiéniques et matériels des communes de Douchy, Neuville, Rœulx, Mastaing et Lourches.

La Société impériale d'agriculture, sciences et arts de l'arrondissement a récompensé la persévérance intelligente de M. Défernez par une médaille d'or ; le Comité local, en admettant ses plans à l'Exposition universelle, a saisi l'occasion de mettre en évidence des services désintéressés rendus à l'agriculture.

3e Section. — M. CARTIER (Bélisaire), maréchal à *Raismes*.

Expose :

Charrue dite jumelle ou bissoc en fonte.

M. CARTIER est un constructeur habile qui applique depuis longtemps ses ressources intellectuelles à réaliser quelques progrès dans les dispositions des instruments agricoles. Le jury de l'exposition départementale de 1852 lui a décerné une médaille de vermeil. Récompensé au concours de 1839 pour une charrue perfectionnée propre aux terres légères, M. Cartier a obtenu, en 1849, une médaille d'argent pour la charrue brabant à double soc qu'il expose et qu'il a rendue propre à agir dans les terres fortes.

Cet instrument fait tout à la fois l'office de charrue brabant et *de harna* ; il est admis dans la pratique, il se recommande par sa solidité, par son bas prix et par la simplicité de son mécanisme.

4ᵉ *Section.* — M. CHEVAL (Bonaventure), cultivateur à *Estreux.*

EXPOSE :

Froment.

M. CHEVAL est un cultivateur soigneux, éclairé, qui aime le progrès et donne souvent l'exemple de bonnes pratiques à suivre. Il a notamment appliqué, le premier et avec succès, l'ensemencement en lignes à la culture de la chicorée. Toutes ses récoltes sont généralement remarquables.

M. GOUVION (Désiré), agriculteur, fabricant de sucre, distillateur à *Denain.*

EXPOSE, comme agriculteur :

Blés en gerbes { *hyckling ;* *prolific ;* *d'Essex ;* } étrangers. *roux à paille blanche ; de Merville ;*

Colza du Holstein ;

Avoine blanche dite des trois lunes.

Les produits de sa distillerie sont compris dans le groupe des distillateurs de l'arrondissement de Valenciennes.

M. GOUVION, ancien membre du conseil général du département du Nord, s'est toujours fait remarquer, en industrie comme en agriculture, par une administration éclairée, sage et prudente.

En 1854, la Société impériale d'agriculture de Valenciennes, invitée à présenter un candidat aux récompenses offertes par le département pour services éminents rendus à l'agriculture, a distingué M. Gouvion et l'a signalé avec M. G. Hamoir. Comme M. Hamoir, M. Gouvion a souffert d'une présentation double. Comme M. Hamoir, M. Gouvion n'a reçu qu'une médaille de vermeil ; mais cependant leurs noms , envoyés au gouvernement, font partie de la liste des hommes d'élite du progrès agricole dans le département le plus avancé en agriculture.

En présence de citations, aussi honorables pour les agriculteurs qui en sont l'objet que pour le pays témoin de leurs efforts et de leurs succès , le Comité de Valenciennes accomplit avec confiance l'une de ses attributions les plus délicates en présentant les services de M. Gouvion à l'attention du Jury international.

Parmi les nombreuses distinctions que M. Gouvion a reçues dans les différents concours agricoles de l'arrondissement ou du département , pour importation d'espèces nouvelles , blés ou colza, propagation de l'ensemencement en lignes ou engraissement du bétail, la plus méritoire, sans contredit, est celle que lui a décernée en 1850 la Société impériale d'agriculture de Valenciennes. Une médaille d'or lui a été acquise dans un concours des fermes, pour la tenue générale de son exploitation, pour la meilleure conservation des engrais et le plus grand nombre de bestiaux nourris proportionnellement à l'étendue de sa culture.

Cette récompense, si flatteuse qu'elle soit, ne met pas encore en évidence toutes les qualités qui distinguent M. Gouvion. Depuis quinze ans que M. Gouvion s'occupe, avec persévérance, d'essais de culture sur une foule de variétés de blés étrangers, il a remarqué les espèces les plus productives et les époques relatives de floraison de chacune d'elles. Ces observations l'ont conduit à choisir pour semences les blés prolific, Essex, roux à paille blanche, hyckling, dont la floraison se manifeste à quelques jours d'intervalle, ce qui diminue par conséquent les chances de mauvaise fructification quand les temps sont contraires. On peut citer à son honneur, comme fait le plus saillant et qui résume tous ses mérites, le chiffre de la moyenne de ses récoltes en blé. En 1854, par exemple, sur 54 hectares cultivés en froment, M. Gouvion a obtenu 102,090 gerbes du poids moyen de 6 kilog. 250 g., le produit en grains a été de 2,280 hectolitres du poids de 78 kilog., non compris le menu grain ; c'est plus de 42 hectolitres à l'hectare.

Nous ne connaissons pas de rendement aussi élevé sur l'ensemble d'une culture ; nulle part ailleurs il n'en a été constaté de semblable que nous sachions. On a vu cependant dans l'arrondissement de Valenciennes des récoltes de 50 et même de 60 hectolitres à l'hectare ; mais ces faits merveilleux, et tout à fait exceptionnels, ne se produisant que sur une minime partie d'une exploitation, ne suffisent pas pour élever la moyenne aussi haut.

Mentionner les résultats obtenus par M. Gouvion c'est assez faire son éloge. Cet exposant offre l'exemple rare des idées d'ordre et de prévoyance, sagement alliées à celles du progrès.

Aussi la réputation de M. Gouvion a-t-elle franchi les bornes de notre arrondissement. M. le ministre de l'agriculture et du commerce, en l'appelant en 1854 à l'honneur de participer aux travaux du jury de Beauvais, et en le remerciant par l'envoi d'une médaille et d'un ouvrage, a dignement consacré les titres que le comité de Valenciennes s'est plu à énumérer.

M. HAMOIR (Gustave), agriculteur et fabricant de sucre à *Saultain*.

Expose :

Instruments.

Deux Charrues américaines importées en 1850 ;

Une Fouilleuse américaine importée en 1850 ;

Une Charrue à avant-train (harna), dite charrue Hamoir ;

Un Extirpateur à balancier ;

Un Releveur à chaîne ;

Un Rouleau excentrique à disques mobiles ;

Une Fouilleuse française modifiée ;

Un Semoir à palettes, modification du semoir Ecossais ;

Une Houe à cheval en fer, nouveau modèle.

Produits.

Six échantillons de blés anglais et du pays :

Blé lord Ducy blanc ;
— Marschall d°
— d'Essex d°
— Hyckling roux ; } anglais.

— d'Australie ;

— d'Estaires.

A défaut d'autre appréciation, les 32 mètres carrés de surface accordés à M. G. HAMOIR sur les 120 mètres carrés que le Comité de l'arrondissement de Valenciennes pouvait répartir entre les exposants de sa circonscription, diraient assez la part que le Comité a voulu faire à son agriculture, dans la personne d'un jeune agronome actif, désintéressé et intelligent, qui en est un des représentants les plus dignes.

M. G. Hamoir est en effet l'un des deux candidats présentés par la Société impériale d'agriculture, sciences et arts de Valenciennes, en 1854, au concours départemental, ouvert pour services rendus à l'agriculture. Les titres qui lui ont valu les suffrages de ses collègues et que se plaît à lui reconnaître le Comité de Valenciennes, les voici :

Mémoires et travaux publiés.

M. Gustave Hamoir est auteur de plusieurs mémoires insérés dans les publications de la Société d'agriculture de Valenciennes, notamment sur :

» 1° L'introduction du bétail en France ;

» 2° L'emploi du sel en agriculture ;

» 3° La culture des céréales en ligne ;

» 4° Les engrais ;

» 5° Le drainage ;

» 6° La castration des vaches par le procédé Charlier ;

» 7° La race bovine de la Northolland , introduite dans l'arrondissement de Valenciennes ;

**Progrès et améliorations agricoles dans l'arrondissement
de Valenciennes, dus à ce candidat :**

» 8° Introduction, en 1846, des vaches de race pure hollandaise de la Frise ;

» 9° Introduction des taureaux hollandais. — Trois vaches dans la Northolland , comme commissaire de la Société pour achat de taureaux reproducteurs ;

» 10° Application, en 1850, du rasage aux bœufs à l'engrais ;

» 11° Expériences de castration des vaches. La ferme de M. Gustave Hamoir a été l'une des premières où ces expériences ont été faites ;

» 12° Expériences de même nature sur une jument. Cette opération a été pratiquée sur l'invitation de M. Hamoir, par M. Charlier, et malgré les craintes manifestées par cet habile vétérinaire, l'opération a pleinement réussi ;

» 13° Introduction du batteur anglais de Gasett. — Perfectionnements considérables apportés à cet instrument et réalisés chez M. B. Cheval, à Estreux. Ce batteur mécanique a été adopté dans la plupart des grandes fermes du pays ;

» 14° Introduction d'un concasseur de tourteaux pour le bétail. Instrument anglais très-bon et peu coûteux ;

» 15° Introduction des charrues (brabant) américaines et améliorations apportées à ces instruments dont l'usage se répand non-seulement dans l'arrondissement de Valenciennes, mais encore dans plusieurs parties de la France qui en ont été dotées par l'intermédiaire officieux de M. Hamoir ;

» 16° Importation de la fouilleuse américaine et modifications apportées à cet instrument pour le rendre propre à l'arrachage des betteraves qu'il opère avec plein succès ;

» 17° Transformation de l'ancienne charrue du pays (harna)

en un instrument léger en fer, donnant plus d'un quart d'économie de traction sur les anciens.

» NOTA. — A la demande de M. Hamoir, un concours a été organisé en Belgique par M. le ministre de l'agriculture qui a délégué comme commissaires les meilleurs agriculteurs du pays, et qui a mis à leur disposition les meilleurs instruments tant anglais que belges, en tout dix charrues. L'épreuve a été décisive. La charrue américaine est sortie de cette lutte sérieuse avec les honneurs du travail le plus parfait et la charrue-Hamoir a dépassé toutes ses rivales sous le triple rapport de la beauté du travail, de sa profondeur et de la facilité de traction. Cette dernière charrue a été primée par un premier prix à chacun des concours où elle a été présentée, à Avesnes, à St-Quentin, à Denain, etc., Le musée de Bruxelles en a décidé l'acquisition et elle y existe aujourd'hui ;

» 18° Invention de l'extirpateur qui porte son nom, et qui a été primé comme la charrue dans tous les concours où il s'est produit; l'usage de cet instrument tend à se généraliser ;

» 19° Introduction du système de semoir dit écossais, transformation de ce semoir et amélioration considérable comme travail et comme prix ;

» 20° Invention d'un rouleau articulé ;

» 21° Introduction dans l'arrondissement du rouleau *Croskile* ;

» 22° Introduction (le premier dans l'arrondissement), des boxes de Wornes où le fumier se stratifie sous les pieds des animaux sans l'enlever ;

» 23° Introduction du rutabaga, en grande culture, pour remplacer le chou cavalier qui a été gelé l'hiver dernier, tandis que les rutabagas se sont trouvés encore en parfait état au printemps. — Cette récolte dérobée, primée par la Société d'agriculture, tend à se développer ;

» 24° Nombreux essais de blés anglais roux et blancs ;

» 25° Ensemencement en lignes des céréales et des fèves rendu permanent depuis son début dans la culture ;

» 26° Eclosion artificielle. Le premier qui ait pratiqué ce procédé dans l'arrondissement ;

» 27° Création d'une race porcine très-estimée et très-recherchée dans le pays. Après avoir souvent primé des animaux de cette race, la Société d'agriculture de Valenciennes en a acquis et revendus comme reproducteurs ;

» 28° Améliorations diverses apportées à la construction des chariots et à l'attelage des chevaux ;

» 29° Travaux de drainage. Le premier qui les ait exécutés dans l'arrondissement avec des tuyaux venant de Belgique.

Médailles obtenues dans divers concours, par M. Hamoir.

» Les médailles obtenues par cet agriculteur, dans les divers concours, sont au nombre de vingt-deux, se divisant ainsi qu'il suit :

» D'or..................... 6 ⎫
» De vermeil............. 4 ⎬ 22
» D'argent.............. 12 ⎭

» Il a obtenu au congrès des agriculteurs du Nord, à Valenciennes, en 1852, onze médailles et onze cents francs de primes, tant pour bestiaux que pour les instruments aratoires et les produits du sol.

» Enfin, M. Gustave Hamoir a fondé dans la commune de Saultain deux associations essentiellement moralisatrices, dont il est président : une société chorale et une société de secours mutuels. »

A cette énumération de travaux honorables, nous devons ajouter que le jury départemental reconnaissant ses mérites, a décerné à M. Hamoir une médaille de vermeil.

Les récompenses nombreuses dont les divers instruments admis à l'Exposition ont été l'objet seront pour le jury la preuve de l'estime qu'en font les hommes d'expérience. L'examen des échantillons de céréales exposés justifiera sans doute la bonne et ancienne réputation de l'agriculture flamande.

En somme, M. Gustave Hamoir est rangé parmi les hommes utiles au pays, le Comité de Valenciennes le recommande à toute la bienveillance du jury international.

M. SAUVAGE, (Ch.-Aimé), à *Herrin-lez-Valenciennes*.

Expose :

Colza du Holstein.

M. Sauvage a été admis à prendre sa place dans l'Exposition des agriculteurs de l'arrondissement pour sa belle culture innovée de colza du Holstein.

M. FALLOT, cultivateur à *St-Aybert-lez-Valenciennes*.

Expose :

Racines de guimauve ;

Feuilles de guimauve ;

Fleurs de camomille ;

Fleurs de mauve ;

Roses de Provins ;

Bouillon blanc.

M. Fallot montre à l'Exposition une des ressources du canton de Condé. Les environs de cette ville et les communes de l'autre côté de la frontière sont les centres de production des plantes médicinales ; toutes les parties de la guimauve , racines, feuilles et fleurs sont utilisées par la médecine, et sont expédiées, préparées et séchées , dans toute la France.

C'est une culture de détail ; sa récolte est minutieuse et profitable ; elle occupe un grand nombre de jeunes bras.

M. VASSEUR, à *Crespin*, a été accepté avec M. FALLOT pour son exposition de plantes médicinales.

CLASSE IV.

MÉCANIQUE GÉNÉRALE APPLIQUÉE A L'INDUSTRIE.

Les machines d'une application générale à l'industrie ont nécessairement leurs producteurs dans un centre où les besoins sont si fréquents.

Trois ateliers sont en position de fournir les ponts et les balances-bascules.

MM. Carion-Delmotte et Cie, Dombret frères, Provins, Warin et Cie établissent habilement, dans de bonnes conditions de solidité, les manéges, les moulins, les grues, les machines à vapeur et tous les appareils qui rentrent dans cette classe. M. Schmitt s'occupe particulièrement de la construction des pompes à incendie et des objets de mécanique spéciale pour les brasseries, pour les fabriques de sucre, de noir, ou pour l'agriculture. La Compagnie des mines d'Anzin, qui n'a pas reculé, il y a plusieurs années, devant les difficultés d'exécution de ses locomotives, fabrique dans ses chantiers les machines nécessaires à ses exploitations.

Ces constructeurs ont dû s'abstenir de prendre part à la lutte industrielle qui s'engageait ; des travaux nombreux et pressants les en ont éloignés. Le Comité local le regrette, car il est convaincu que les pièces sorties de leurs mains auraient soutenu la comparaison sans désavantage.

Ont été admis :

Dans la 1re Section :

M. MEURS (Jules), balancier-ajusteur à *Valenciennes*.

Dans la 9e Section :

M. LEMIELLE (Théodore), ingénieur à *Valenciennes*,

1ʳᵉ Section — **M. MEURS** (Jules), fabricant de balances à *Valenciennes*.

Expose, comme producteur et comme inventeur :

Balance-bascule à romaine.

Une réduction de prix, une simplification de construction qui ne fait que faciliter la pesée et la rendre plus certaine, ont valu les honneurs de l'Exposition à la balance-bascule à romaine de **M. Meurs**.

9ᵉ Section. — **M. LEMIELLE** (Théodore), à *Valenciennes*.

Expose, comme inventeur :

Un Ventilateur pour forges et fonderies.

Un Ventilateur pour aérer les mines ;

Les ventilateurs de **M. Lemielle** ont été accueillis avec faveur. Le Comité local les croit aptes à supporter l'analyse des plus éminents appréciateurs. La quantité d'air qu'ils mettent en mouvement est considérable ; la vitesse de leur marche est assez restreinte pour devenir une garantie de durée ; les frais d'établissement et d'entretien qu'ils exigent sont inférieurs aux prix des ventilateurs qui l'ont précédé. Enfin leurs mérites sont consacrés par l'approbation pratique qu'ils ont reçue dans quelques houillères de Belgique et de l'arrondissement de Valenciennes, à Anzin et à Azincourt.

La Commission impériale a admis le ventilateur-Lemielle dans la section des machines en mouvement; son jeu permettra de le juger à l'œuvre.

CLASSE V.

MÉCANIQUE SPÉCIALE ET MATÉRIEL DES CHEMINS DE FER ET DES AUTRES MODES DE TRANSPORT.

Le charronage, la sellerie, la carrosserie surtout ont pris dans l'arrondissement plus de développement que ne comportent les exigences locales. Les voitures de tous les genres y sont entièrement confectionnées et dans des conditions telles que l'administration du chemin de fer du Nord a pu confier à M. Gravier, l'un des carrossiers du pays, la fourniture d'un assez grand nombre de voitures pour les voyageurs.

Les pièces détachées des appareils servant aux différents modes de transport se fabriquent aussi en notable quantité dans l'arrondissement:

MM. A. Grebel et Cie de Denain (exposants admis dans la Classe XIV) ont su habilement associer le fer à la fonte pour la construction de roues de voitures, de charrues, de brouettes, qui réunissent à l'économie une solidité à toute épreuve. MM. Jacques Cail et J.-F. Cail et Cie produisent, sur la plus vaste échelle, des roues de wagons, des roues motrices en fer forgé pour les locomotives du système Crampton. Les méthodes ingénieuses et les puissants moyens d'action qui permettent la réalisation parfaite d'une idée qui est pour la sûreté publique un progrès réel, font paraître facile dans les ateliers de M. Cail une opération dont la difficulté réside moins dans la masse de matière à mettre en œuvre, que dans l'étroit espace réservé près du moyeu quand les rayons sont nombreux. Le principal mérite de l'inventeur est d'avoir remédié au défaut de solidité que présentait l'assemblage, lorsqu'à leurs points de jonction au centre, les rais avaient une forme conique. M. Cail a rendu les rais tellement solidaires, par une sorte de queue d'aronde, que même avant le soudage la séparation est impossible. MM. Dervaux-Lefebvre à Condé, Van Kalck à Marly, possèdent des établissements considérables où les ferrures d'affûts de canons, de wagons, les boulons, etc., se fabriquent si largement. que leurs produits se répandent dans toute la France et se prêtent même à l'exportation.

On peut comprendre, par cette simple citation, l'intérêt qui s'attache, dans l'arrondissement, aux produits rangés dans cette

Classe, et les motifs généraux qui se sont ajoutés aux considérations personnelles pour conduire le Comité local à prononcer l'admission des constructeurs dont les noms suivent :

Dans la 3º Section :

M. DERVAUX-LEFEBVRE, cloutier à *Condé.*

Dans la 5º Section :

M. GRAVIER (François), carrossier à *Valenciennes.*

Dans la 7º Section :

MM. Jacques et J.-F. **CAIL** ET Cⁱᵉ, mécaniciens à *Denain.*

M. LEMOINE, industriel à *Marly.*

3º Section. — **M. DERVAUX-LEFEBVRE**, à *Condé.*

Expose :

Ferrures d'affûts de canons et de wagons, Boulons, etc.

M. Dervaux, tout à la fois agriculteur, fabricant de sucre et producteur d'articles de grosse ferronnerie, sait suffire, par une immense activité, aux exigences d'occupations si importantes et si variées. Le Comité local a admis avec empressement les produits du seul de ses établissements qui se trouve placé dans l'arrondissement de Valenciennes.

L'usine de Condé, fondée en 1826, n'occupe pas moins de 500 ouvriers, et fournit par année pour 8 à 900,000 francs de clous, chaînes, boulons et ferrures diverses. Toutes ces pièces, recherchées par les mécaniciens et par les quincailliers, se répandent dans la France entière, à la faveur d'un bas prix qui n'exclut en rien la qualité. Des machines puissantes et nombreuses aident au travail ; les mêmes mains produisant toujours les mêmes boulons, les mêmes taraudages, les mêmes écrous, garantissent une confection parfaite et régulière. Ces conditions et ces mérites ont permis à M. Dervaux, malgré la différence de prix du fer, d'exporter des boulons en Hollande, en Belgique et même en Angleterre.

5e Section.— M. GRAVIER (François), carrossier à *Valenciennes*.

Expose :

1o *Une paire de Roues, Jantes d'une pièce, en bois ;*

2o *Une Voiture dite* Breeck.

M. Gravier est, en carrosserie, un homme d'expérience ; la fondation de son établissement remonte à 1822. Le travail journalier de 45 ouvriers, la force d'une machine à vapeur, lui permettent de faire environ 100,000 francs d'affaires par an.

Il a obtenu à l'Exposition nationale de 1827 une mention honorable. Des motifs, indépendants de sa volonté, l'ont empêché de présenter ses produits aux Expositions qui ont suivi.

La Commission a vu avec d'autant plus de satisfaction M. Gravier entrer en lice pour l'Exposition universelle, qu'elle rend hommage à l'intelligence remarquable avec laquelle cet habile industriel dirige les travaux de ses ateliers. Il s'ingénie à améliorer, avec une louable persévérance, tout ce qui est spécial à la carrosserie.

Le Comité local signale particulièrement à l'attention du jury les roues à jantes d'une seule pièce, dont la solidité à toute épreuve est appréciée et reconnue par la nombreuse clientèle de M. Gravier.

7e Section. — MM. Jacques et J.-F. CAIL et Cie, mécaniciens, à *Denain*.

Exposent, comme producteurs et comme inventeurs du mode de forgeage des roues :

1o *Une Chaudière de locomotive pour le chemin Grand-Central ;*

2° Une Roue motrice tout en fer forgé, pour machine locomotive du système Crampton, finie;

3° Une Roue motrice en fer forgé du même système, non terminée, pour faire voir l'assemblage du moyeu avant le soudage;

4° Diverses Pièces de forge pour locomotives et machines fixes;

5° Diverses Tôles de détail pour locomotives, embouties et à bords relevés.

Le Comité de Valenciennes n'a pas eu à se préoccuper de l'emplacement nécessaire à l'imposante exposition de MM. Cail, la Commission impériale s'étant chargée de faire placer leurs produits à côté des produits analogues de la maison J.-F. Cail de Paris; mais il s'est réservé le soin de faire remarquer que la Société *Jacques* et *Jean-François Cail et Cie*, de Denain, qui a deux succursales à Valenciennes et à Douai, et dont le gérant est M. Jacques Cail, est tout à fait distincte de la maison J.-F. Cail et Cie, de Paris, gérée par MM. Jean-François Cail et Chaylus, dont la succursale est à Grenelle.

Ces Sociétés ont entre elles plusieurs liens : liens d'intérêt, liens de relations; elles se prêtent un secours réciproque; c'est l'établissement de Denain qui forge les roues, fait les chaudières, les tenders de locomotives que la maison de Paris ajuste et complète. C'est ensemble que ces Sociétés, dont les produits étaient confondus à l'Exposition de Londres, y ont mérité une grande médaille.

M. Jacques Cail avait obtenu seul, en 1849, à Paris, une médaille d'argent. Son établissement, fondé en 1844, à Marly, sous la raison sociale *Derosne et Cail*, transféré la même année à Denain, a pris, sous l'impulsion de son chef, un accroissement successif qui en fait aujourd'hui un atelier de constructions spéciales des plus importants. 700 ouvriers, 8 machines à vapeur d'une force totale de 80 chevaux, un outillage considérable en tous genres, sont les éléments de production de pièces de tôle et de forge pour une valeur de 3 millions de francs.

Avons-nous besoin d'affirmer, ce qui est ici de notoriété publique, que tout ce qui sort de la maison Cail a reçu le cachet d'une exécution habile et consciencieuse. Les locomotives ne portent-elles pas cette preuve matérielle dans toutes les directions, et le fait n'a-t-il pas été partout constaté?

M. Jacques Cail a acquis, par *quarante années* de pratique manufacturière, la profonde expérience indispensable pour établir et pour soutenir une aussi solide réputation. Pour M. Derosne, pour M. Saget, pour M. Cristian, il fut chargé de travaux d'une exécution difficile et dont il s'est acquitté avec honneur ; en 1832, il avait sous ses ordres chez MM. Scipion, Perier, Edwards et Cⁱᵒ, 250 ouvriers, et fut seul responsable de la surveillance et de l'exécution des travaux ; de 1838 à 1844, chez MM. Schneider et Cⁱᵒ, au Creusot, il entreprenait, le premier en France, la construction des chaudières de locomotive.

D'aussi beaux états de service lui valurent en 1844 la direction des ateliers de Denain.

L'exposition d'une chaudière de locomotive et de pièces de détail, en tôle, permettra de juger la chaudronnerie de Denain; l'exhibition des roues motrices en fer forgé, pour les locomotives à grande vitesse, montrera une des plus utiles conceptions de M. Jacques Cail, et les difficultés d'exécution vaincues dans le soudage du moyeu. Celles de ces roues qui roulent sur les rails des chemins du Nord, de Lyon et de Strasbourg y ont subi toutes les épreuves qui peuvent leur valoir une garantie de solidité.

Cette innovation ne sera sans doute pas le moindre titre de M. Cail à la bienveillante attention du Jury international.

7ᵒ *Section.* — M. LEMOINE (Claude-Fructueux), à *Marly-lez-Valenciennes*.

Expose :

Bouts de Rails assemblés par un procédé spécial.

Le moyen proposé par M. Lemoine pour réunir les extrémités de deux rails contigus et les rendre solidaires, consiste à placer entre le rail et le coussinet, à la jonction de deux rails, une pièce de fonte de 30 centimètres de longueur environ, un contrefort, qui épouse exactement les formes du rail et qui se trouve assujéti solidement par une clavette en fer doux.

Ce système, applicable, sans déplacement, aux rails existants et sans plus de difficulté que les coins en bois, a paru simple et économique ; il avait l'appui devant le Comité local d'un rapport favorable fait au ministre des travaux publics de Belgique par une commission qui avait été chargée d'en apprécier les effets.

———

CLASSE VI.

MÉCANIQUE SPÉCIALE ET MATÉRIEL DES ATELIERS INDUSTRIELS.

Les mécaniciens que nous avons eu l'occasion de nommer dans les Classes IV et V, se chargent naturellement de la construction des appareils spéciaux employés par les diverses industries du pays. D'autres ateliers font la belle chaudronnerie en cuivre, des fondeurs préparent habilement les pièces de détail, les robinets de toutes dimensions ; deux fabricants de tissus en fer et en laiton font solidement des toiles métalliques de tous les numéros. Dans les campagnes, d'habiles ouvriers établissent avec sagacité les charrues, les herses, les ustensiles de l'agriculture. En un mot, tout le matériel agricole, tout le matériel industriel des sucreries, des brasseries, des distilleries et de toutes les usines de l'arrondissement de Valenciennes s'obtient sur place. Dans son étroite circonscription et malgré la multiplicité de ses besoins, l'arrondissement se suffit à lui-même.

Les établissements d'une grande importance ont même presque tous leur personnel d'ouvriers, l'outillage et les locaux nécessaires pour faire ou réparer leurs appareils particuliers.

Le Comité local a admis dans cette Classe plus d'inventeurs que de constructeurs proprement dits ; ce sont :

Dans la 2ᵉ Section :

M. BERTINCHAMPS, employé aux mines de *Lourches.*

LA COMPAGNIE DES MINES DE DOUCHY.

FONTAINE, chef d'atelier à la Compagnie d'*Anzin*.

Dans la 4ᵉ Section :

MM. MATHIEU frères, serrurriers-mécaniciens, à *Anzin*.

Dans la 9ᵉ Section :

MM. Jacques CAIL et J.-F. CAIL et Cⁱᵉ, à *Valenciennes*.

MM. Numa GRAR et Cⁱᵉ, à *Valenciennes*.

M. LOISON, boulanger, à *Valenciennes*.

2ᵉ *Section*. — M. BERTINCHAMPS, maître-porion aux mines de Douchy, à *Lourches*.

EXPOSE, comme inventeur :

Modèle d'appareil de sondage.

Ce système n'a pas encore été expérimenté. Il a paru au Comité local présenter des idées neuves et utiles à propager.

COMPAGNIE DES MINES DE DOUCHY, à *Lourches*.

EXPOSE :

Modèle de machines d'extraction, Modèles d'appareils servant à élever la Houille du fond des puits.

LA COMPAGNIE DES MINES DE DOUCHY, dont la direction est confiée à l'expérience consommée de M. MATHIEU, donne depuis sa naissance les plus beaux résultats. Sa fondation remonte à l'année 1833. Cet établissement n'occupe pas moins de 1,225 ouvriers et parvient à l'aide de 7 machines à vapeur d'une force totale de 234 chevaux, à extraire annuellement des produits dont la valeur s'élève à 2,000,000 de francs.

La Compagnie des mines de Douchy expose un modèle en petit, reproduisant l'installation d'une machine d'extraction, avec tous les accessoires qui en rendent l'emploi sûr et commode.

On y voit comment sont disposés les guides, qui, sur toute la hauteur du puits, servent à maintenir dans la verticale les vases renfermant la houille, et que la vitesse dont ils sont animés tend à faire briser contre les parois de la fosse. On voit de quelle manière il est remédié à la suppression de ces guides, qui, par suite de circonstances particulières à une fosse de l'établissement de Douchy, se trouvent interrompus à l'orifice de cette fosse.

Ce modèle présente encore l'application du parachûte destiné à obvier aux ruptures du câble, en retenant fixé à la hauteur où il se trouve au moment de cette rupture le vase qui contient la houille. Ce parachûte offre quelques détails de construction qui appartiennent à la Compagnie de Douchy.

Dans le cas où, par inadvertance, le mécanicien n'arrêterait pas assez tôt la machine, les vases servant à l'extraction de la houille peuvent s'élever jusqu'à la hauteur des poulies supportant le câble, d'où résulte nécessairement la rupture de ce dernier. Pour remédier à ce danger, une disposition particulière appliquée dans le modèle de la Compagnie de Douchy, tout en faisant agir un frein puissant qui tend à détruire le mouvement aussitôt que le vase a atteint la hauteur qu'il ne doit pas dépasser, ferme en même temps le robinet d'admission de la vapeur, ce qui arrête brusquement la machine.

Ces divers appareils ne sont pas à la fois établis sur une même fosse de la Compagnie de Douchy ; ils ont été partiellement mis en usage sur divers puits de cette Compagnie, et ont reçu la sanction de l'expérience. Sous ce rapport, ils ont paru au Comité local mériter d'être offerts au public.

M. FONTAINE, chef d'atelier à la Compagnie d'Anzin.

Expose :

Parachûte destiné à empêcher les accidents dans les puits des mines, en cas de rupture des câbles.

La descente et l'ascension des ouvriers dans les puits profonds des mines, soit par les échelles, soit par les appareils à tiges oscillantes, ont des inconvénients graves et présentent des dangers que M. FONTAINE a cherché à éviter. Se rencontrant avec M. Machecourt, et perfectionnant les idées de cet innovateur, il a réalisé le problème de faire servir, sans danger, le puits d'extraction lui-même de voie de circulation aux mineurs.

L'appareil qu'il a exécuté, et que la Compagnie des mines d'Anzin a admis dans plusieurs de ses puits, a donné maintes fois des preuves de son service de sûreté. Depuis qu'il fonctionne en France et en Belgique, où il a aussi été adopté, plusieurs fois la rupture du câble s'est produite ; les ouvriers et le matériel sont toujours restés suspendus au-dessus de l'abîme. Jusqu'au 31 mai 1855, on compte 23 ouvriers que le parachûte a préservés d'une mort certaine.

Ces faits ont motivé les médailles et la prime décernées à M. Fontaine par plusieurs sociétés de province, et lui ont justement mérité le prix Monthyon en 1854.

Le Comité de l'arrondissement de Valenciennes verrait avec plaisir que l'Exposition fût pour M. Fontaine l'occasion d'une distinction de plus.

4° Section. — **MM. MATHIEU**, frères, serruriers mécaniciens à *Anzin*.

Exposent :

1° *Deux Moules à chariot propres à la fabrication des bouteilles ;*

2° *Machine à vent pour souffler les bouteilles.*

Presque toutes les variétés de bouteilles sont faites à moule ouvert dans l'arrondissement de Valenciennes. Une grève survenue parmi les ouvriers anglais ayant fait faire chez nous des commandes de bouteilles anglaises, on a dû, pour répondre aux exigences de leur forme, fabriquer à moule fermé. MM. Mathieu frères, appelés à fournir ces moules, reconnurent bientôt les inconvénients du mode de construction usité ; ils remédièrent à la disjonction des pièces latérales aux articulations, disjonction d'où naissent forcément des saillies sur le col des bouteilles, et permirent de supprimer l'aide indispensable pour ouvrir et fermer le moule, en créant le moule à chariot. Des commissaires du Comité local l'ont vu fonctionner, il donnait toute satisfaction au maître et à l'ouvrier verrier.

La fabrication des bouteilles dans le moule fermé ne réclame pas le souffle intelligent d'un ouvrier expérimenté : *la paraison* faite, il suffit d'un effort considérable de poitrine pour appliquer également le verre sur les parois du moule.

Cette remarque déjà faite avait conduit à un système de compression pour remplacer le souffle de l'homme dans ces opérations. MM. Mathieu frères sachant que ce mode avait été abandonné et aidés de l'expérience de M. Ségard, maître de verreries, ont cherché à y substituer, avec plus de succès, l'appareil qu'ils exposent.

Cette innovation, qu'une pratique suivie n'a pas encore sanctionnée, a paru, au double point de vue de l'hygiène et de l'intérêt industriel, mériter les honneurs d'une exhibition.

9ᵉ Section. — MM. Jacques CAIL et J. F. CAIL et Cⁱᵉ, à *Valenciennes*, (admis aussi dans la Classe V pour leurs pièces forgées et de chaudronnerie.)

Exposent :

Appareils à distiller, *en cuivre rouge.*

Cet établissement, l'une des deux succursales de la maison Jacques Cail et J. F. Cail et Cⁱᵉ, dont le siége est à Denain, a pour spécialité la construction d'appareils et de machines destinés à l'industrie. Il soutient dignement, dans le travail des cuivres, la réputation de solidité et de bonne confection de la maison centrale. Les fabriques de sucre, les distilleries qui y prennent leur outillage, sont assurées d'une organisation durable et presque élégante.

Les appareils de différents genres, qui figurent à l'Exposition, donneront une idée vraie des soins que l'intelligent et habile directeur de ces travaux, M. Frédéric ZOUDE, apporte constamment à leur confection. En douze années d'existence, la maison de Valenciennes a monté près de cinquante usines dans le département. Son importance est telle aujourd'hni qu'elle occupe régulièrement 125 ouvriers et fournit annuellement des produits pour une valeur de 700,000 fr.

MM. NUMA GRAR et Cⁱᵉ, raffineurs de sucre à *Valenciennes*.

EXPOSENT :

1º *Appareils à force centrifuge conjugués, ayant servi, dans leur établissement de Famars, à la première application manufacturière de cette force à la sucrerie ;*

2º *Formes à sucre peintes en couleur ne renfermant pas de composé plombique.*

MM. NUMA GRAR et Cⁱᵉ, exposants dans la Classe XIᵐᵉ pour leur industrie principale, dans la IXᵐᵉ pour un système de chauffage à foyers fumivores, ont fait admettre dans cette classe des appareils de l'industrie sucrière.

Ces appareils, à force centrifuge, sont ceux avec lesquels ont été effectués les premiers essais d'application de cette force au clairçage des sucres. C'est dans l'établissement de Famars, avec le concours de MM. Numa Grar, et Harpignies Blanquet et Cⁱᵉ, que M. Seyrig fit ses essais. Leur réussite fut le point de départ de la révolution que ces appareils, unanimement adoptés, ont déterminée dans l'industrie sucrière. Le brevet, pris d'abord au nom de MM. Seyrig, Grar et Cⁱᵉ, Harpignies Blanquet et Cⁱᵉ, et Bernard, et passé depuis dans les mains de MM. Rolfs, Seyrig et Cⁱᵉ, a été l'occasion de procès en contrefaçon dont le rétentissement doit donner un grand intérêt à l'exhibition de ces appareils primitifs.

7.

M. Grar a remédié aux inconvénients des taches que les formes peintes à la céruse laissaient souvent sur les pains de sucre, quand ils étaient exposés à quelque émanation sulfureuse, en remplaçant les composés de plomb par des couleurs à base de zinc ou terreuse. Ce perfectionnement de détail, non moins profitable à l'industrie qu'à la santé publique, a paru bon à signaler.

9ᵉ *Section.* — M. LOISON, boulanger à *Valenciennes.*

Expose :

Pétrisseur mécanique.

La simplicité du pétrisseur de M. Loison, son bas prix, le peu de force qu'il exige, en font un appareil accessible, et utile à la panification dans les ménages.

Son emploi ne peut que se répandre aussi dans les boulangeries de province, au besoin desquelles il se prête parfaitement, en permettant, au moyen de cloisons mobiles, de pétrir simultanément, dans plusieurs compartiments, diverses variétés de pâtes.

La rapidité et la perfection du travail qu'il produit ont été constatées par une commission spéciale de la Société d'agriculture de Valenciennes, et sont garanties actuellement par l'expérience. M. Loison a vendu depuis 18 mois à peine 30 de ses pétrisseurs mécaniques.

CLASSE VIII.

ARTS DE PRÉCISION, INDUSTRIES SE RATTACHANT AUX SCIENCES ET A L'ENSEIGNEMENT.

Les industries comprises dans la huitième Classe, ne sont pas de celles qui s'exercent ordinairement dans les provinces. L'arrondissement de Valenciennes ne possède que quelques opticiens dont le principal rôle est de fournir aux besoins des fabriques du pays. Le Comité local, usant du mandat qui lui était confié, a provoqué trois inscriptions. Il a en conséquence admis :

Dans la 1re Section :

M. Q. LEFÈVRE, géomètre à *Valenciennes*.

Dans la 4e Section :

M. PESIER (Edmond), professeur de chimie à *Valenciennes*.

Dans la 5e Section ;

M. CLÉMENT, chef du bureau de l'Etat-Civil de *Valenciennes*.

1re Section. — **M. Q. LEFÈVRE**, géomètre-arpenteur à *Valenciennes*.

Exposé :

Tables de réduction des anciennes mesures agraires de l'arrondissement en mesures métriques.

Plus que partout ailleurs, l'emploi d'une seule unité pour les mesures agraires était urgent dans l'arrondissement de Valenciennes. Malgré le laps de temps qui s'est écoulé depuis que l'application du système décimal est obligatoire, les vieux souvenirs, les traditions l'emportent, et l'on entend encore compter par *bonnier, journel, mencaudée, mesure, rasière, coupe, verge,* sur les différents points du territoire. Ce qui accroit surtout la confusion, c'est qu'un nom ne conserve pas toujours la même signification ; sa valeur est quelquefois différente dans une même commune ; à droite ou à gauche d'un cours d'eau, en deçà ou au delà d'une haie, la mencaudée vaut ici 22 ares 98 centiares, là 33 ares 38 centiares.

M. Q. Lefèvre aujourd'hui plus qu'octogénaire, a rassemblé dans l'exercice de sa longue et honorable carrière tous les matériaux d'une table de comparaison entre les anciennes mesures et les nouvelles.

La Chambre des notaires a recueilli depuis longtemps ce travail comme un guide sûr dans les transactions des propriétés territoriales. Le Comité de l'arrondissement l'a accepté comme une œuvre utile consciencieusement accomplie.

4e Section. — M. PESIER (Edmond), professeur chargé du cours municipal de Chimie industrielle à *Valenciennes.*

Expose , comme inventeur :

Natromètre.

Comme le fait pressentir son nom, ce petit instrument sert au dosage de la soude.

Quoique applicable à la détermination de cette base dans tous les sels qu'elle peut former, c'est principalement dans l'appréciation de la soude mélangée à la potasse qu'il est utile.

Avant 1844, avant de connaître la méthode d'analyse qui se rattache à l'emploi de cet aréomètre particulier, les chimistes doués d'habileté devaient consacrer beaucoup de temps, beaucoup de soins à ces sortes d'essais. Le natromètre a rendu l'opération possible dans les ateliers industriels.

En aussi peu de temps qu'il en faut pour l'essai alcalimétrique de Gay Lussac, les mains qui savent fixer le titre d'une potasse savent aussi fixer la part de soude que cette potasse contient toujours, en si minime quantité que ce soit. Le natromètre est donc le complément obligatoire de l'alcalimètre.

Adopté dans les industries dont la potasse est un des éléments du travail, le natromètre, objet d'un rapport à la Société d'encouragement pour l'industrie nationale, a valu à son auteur une médaille d'argent.

5e Section — **M. CLÉMENT** (Emile), chef du bureau de l'Etat-Civil, à *Valenciennes.*

Expose :

1° Tableau de classement par familles, des naissances, mariages et décès de la ville de Valenciennes, de 1700 à 1792;

2° Plan de la ville en 1699, divisé par paroisses ;

3° Relevé annuel de chacune des paroisses, de 1700 à 1792 ;

4° Tableau relatif à la population de Valenciennes, de 1700 à 1854.

Pour remédier à l'irrégularité, à l'imperfection, à l'inexactitude des registres de l'état-civil, autrefois confiés par nos vieilles ordonnances aux curés des paroisses, la loi de 1789 décida qu'il serait établi un mode uniforme de constater les naissances, les mariages et les décès, et que l'application en serait faite par des officiers se rattachant à l'organisation municipale. Les avantages à recueillir de la mise en œuvre de ce principe restaient incomplets ; c'était peu que d'avoir des registres si l'on n'y joignait des tables. Une loi du 20 septembre 1792 prescrivit la formation des tables annuelles et des tables décennales. Aucune loi n'ayant d'effet rétroactif, tout le passé restait dans le cahos.

M. Clément, frappé de l'insuffisance du travail prescrit, entreprit en 1839, pour la commune de Valenciennes, le classement par ordre alphabétique, et par paroisses, de 176,996 inscriptions portées aux registres du 1er janvier 1700 au 20 septembre 1792.

L'amour de ses fonctions, le désir d'être utile, une patience à toute épreuve, soutinrent durant dix années le zèle de M. Clément dans l'accomplissement de la tâche qu'il s'était imposée. Dix-huit volumes in-f° de tables conformes au spécimen déposé, furent le résultat du dépouillement des milliers de bulletins qu'il avait dû extraire des actes pour en opérer le classement.

Contrairement à ce qui est pratiqué d'ordinaire, ce classement est établi par familles ; les noms patronimiques mal orthographiés sont mentionnés, les renvois remettent immédiatement sur la véritable voie généalogique ; le 18e volume renferme tous les mariages de la ville classés par les femmes.

A l'aide de ces documents, le plus inexpérimenté peut relever en un instant les descendances de plusieurs générations.

Ces tables, fruit du travail le plus aride et le plus opiniâtre, uniques en France jusqu'à ce jour, ont valu à leur auteur les félicitations de l'administration supérieure, un modeste subside de l'administration municipale, une médaille d'or de la Société impériale d'agriculture de Valenciennes. Leur exposition ne sera pas stérile, si cette honorable publicité pouvait conduire à les imiter dans toutes les communes de l'empire.

CLASSE IX.

INDUSTRIES CONCERNANT L'EMPLOI ÉCONOMIQUE DE LA CHALEUR, DE LA LUMIÈRE ET DE L'ÉLECTRICITÉ.

Dans l'arrondissement de Valenciennes, centre d'une extraction houillère considérable, le chauffage se fait presque exclusivement au moyen du charbon de terre, soit en fragments, soit en menus morceaux agglutinés par de l'argile ou de la marne et convertis, par la pression dans un moule, en briquettes régulières. Le chauffage au bois n'est qu'exceptionnel et seulement en usage dans les salons. L'industrie commence à utiliser avantageusement, pour le chauffage des appareils à vapeur, la houille maigre et l'anthracite qui sont à plus bas prix que la houille grasse.

La prodigieuse activité que déploient, depuis quelques années, tous les établissements manufacturiers du Nord, les besoins des locomotives, ont accru, au delà de toute prévision, la consommation du combustible, et cela à tel point que les difficultés d'approvisionnement se font sentir pour les usines mêmes que leur position, à proximité des houillères, devait mettre à l'abri de pareilles craintes. L'économie du charbon devient une nécessité qu'aucun intérêt majeur ne commandait jusqu'ici parmi nous. Aussi, a-t-on fait peu d'efforts pour arriver à une utilisation plus parfaite de la chaleur développée par la combustion. Bien qu'il soit juste de citer nos établissements métallurgiques qui emploient à la génération de la vapeur une partie du calorique qui s'échappe des *fours à pudler*, des *fours à réchauffer* et même du *gueulard des hauts fourneaux*, toutes les cheminées d'usine lancent dans l'air des torrents de fumée chargée de gaz combustibles, que l'intérêt particulier et les prescriptions de l'autorité obligeront, sans doute incessamment, à brûler. Le Comité local a vu avec satisfaction un de ses membres présenter à l'appréciation du jury un appareil imaginé dans ce but.

Le chauffage domestique s'est ressenti chez nous des améliorations qu'ont montrées les expositions nationales antérieures. Plusieurs poêliers habiles et intelligents établissent des appareils culinaires en tôle et fonte qui joignent à une propreté, à une commodité, inconnues jusqu'ici, une économie notable de combustible. Ils remplacent avantageusement nos grandes cheminées à manteau élevé et à foyer ouvert. Les poêles en fonte, coulés d'une seule pièce, supportés sur trois pieds, placés au milieu des chambres, et mis en communication avec la cheminée par un tuyau en tôle garni d'un obturateur mobile, sont les appareils ordinaires de chauffage que l'ouvrier et les petits ménages utilisent pour tous leurs besoins. La cheminée simple de Désarnod, ou modifiée, et connue sous le nom de cheminée prussienne, se rencontre dans la plupart des appartements, elle est en fonte ou en tôle ; les appareils enchassés dans la maçonnerie qui chauffent aussi tout à la fois par rayonnement du calorique émanant du foyer, et par des orifices d'où s'échappent des masses d'air échauffé au contact des parois, ces appareils calorifères tendent à se propager. Les ornements qu'ils empruntent au goût et à la dextérité des fondeurs en font des objets que le luxe même recherche. Les poêles en terre cuite, en faïence, sont presque inconnus chez nous.

L'éclairage, dans l'arrondissement de Valenciennes, offre peu de particularités à signaler. Les bougies stéariques n'y sont pas fabriquées. L'huile épurée par le procédé à l'acide, que M. Thenard a fait connaître, est brûlée dans les lampes de tous les systèmes ; les mineurs se préservent par la lampe Davy du danger auquel le *grisou* les expose. Onze fabricants façonnent, presque toujours accessoirement, les chandelles *moulées* ou *à la baguette* dont la consommation tend de jour en jour à se restreindre davantage. Un seul d'entre eux fait usage, pour la fonte des suifs, du procédé tout à la fois économique et salubre que M. Evrard a fait breveter et qui repose sur l'emploi de faibles lessives alcalines. La fabrique de gaz suit les procédés anciens d'épuration admis par la Société des cinq usines à gaz du Nord, adjudicataire de l'éclairage public de Valenciennes. Les principaux établissements industriels situés dans les campagnes demandent la lumière au gaz de houille qu'ils produisent pour leurs propres besoins.

Le Comité local n'a eu à se préoccuper que d'inscriptions concernant la *4e Section*; il a admis :

MM. Numa **GRAR** et Cie, raffineurs de sucre à *Valenciennes*.

MEURS (François) poêlier-fumiste à *Valenciennes*.

SERBAT, chimiste-manufacturier à *St-Saulve*.

4e Section — **MM. Numa GRAR** et Cie, raffineurs de sucre à *Valenciennes*, dont les titres antérieurs pour leur industrie principale sont reproduits Classe XI.

Exposent :

1° Générateur et calorifère à foyers alternatifs et fumivores ;

2° Soupape à clés de rodage ;

3° Siffleurs à chaîne de vérification ;

4° Flotteur à indications reportées en face du chauffeur ;

5° Système de retour général des eaux condensées à vases entièrement clos ;

6° Cloche régulatrice d'alimentation avec pompe fonctionnant à l'eau chaude ;

7° Système d'épuration des eaux à la chaux.

Cette exposition, neuve dans son ensemble, presqu'entièrement neuve dans ses détails, comprend un système curieux et complet de chauffage industriel. L'intérêt d'actualité qui s'attache à la question délicate des foyers fumivores, l'abandon généreusement fait au domaine public de ces innovations qui auraient pu être réservées par un brevet, la consécration d'une pratique manufacturière et suivie pendant cinq années, doivent justifier l'étendue du compte-rendu que nous avons à présenter sur ce système d'une application des plus générales.

Insister sur ces données c'est aider l'administration dans l'accomplissement de son œuvre d'assainissement et d'embellissement des villes.

M. Numa GRAR, en 1850, à l'occasion de la pose qu'il devait faire, dans sa raffinerie de Valenciennes, de générateurs ayant à fonctionner avec une force totale de 130 chevaux, s'était proposé, pour problème, de réaliser un système d'ensemble qui permît d'obtenir simultanément les conditions suivantes, dont plusieurs étaient regardées comme inconciliables dans l'état actuel de l'industrie du chauffage :

Simplicité de construction ;

Combustion de la fumée ;

Economie de combustible ;

Simplicité de marche ;

Économie de main-d'œuvre ;

Diminution des inconvénients des incrustations ;

Diminution des chances d'explosion.

Le système complet de vaporisation imaginé et exécuté par M. N. Grar a répondu à son attente ; un travail régulier et continu de cinq années, jour et nuit, en a sanctionné la valeur.

La simplicité de construction résulte : 1º de cette condition, qu'un seul générateur réalise la force de 130 chevaux, force pour laquelle on établit généralement 2 ou 3 chaudières ; 2º qu'il ne comporte aucune autre construction que : 2 grands cylindres en tôle superposés, 6 fourneaux, 4 registres, gargouilles et appareils de sûreté.

La *combustion de la fumée* est la conséquence du passage des produits gazeux du foyer nouvellement alimenté, sur 3, 4 ou 5 foyers incandescents. Cette condition est produite de la manière la plus simple.

M. Grar chauffe son générateur par 6 fourneaux placés et servis transversalement ; la flamme après avoir chauffé le cylindre supérieur descend à une extrémité, enveloppe dans toute son étendue le cylindre inférieur, dont la maçonnerie environnante fait office de gargouille et de là se rend à la cheminée. L'alimentation des foyers est alternative; des registres aux extrémités du générateur permettent, par leur jeu, de diriger les produits de la combustion dans un sens ou dans l'autre, suivant qu'on alimente de houille neuve un des trois foyers de droite ou de gauche.

L'économie de combustible résulte de ce qui suit :

1° Les gaz en passant sur plusieurs foyers incandescents se trouvent brûlés, l'oxyde de carbone est transformé en acide carbonique ; 2° aucun des inconvénients qui, dans les divers systèmes de foyers fumivores, viennent contrebalancer l'économie provenant du chef de la combustion de la fumée, n'existe dans le système de M. Grar. Il n'a, en effet, ni fourneau à coke spécial, ni introduction d'air à l'issue du foyer, ni les solutions de continuité autour des grilles, inhérentes au système de grilles mobiles et laissant accès à l'air en dehors des barreaux ; de sorte que la combustion des gaz s'opère sans devoir ajouter la moindre portion d'air à celle qui a traversé naturellement les grilles des fourneaux ; 3° il n'existe aucun mécanisme exigeant de la force, et, par suite, de la chaleur pour la produire ; 4° les foyers sont entourés de parois par lesquelles la chaleur ne peut se disperser qu'au profit de l'eau à vaporiser, parois cependant épaisses et conduisant mal le calorique, de sorte qu'on obtient ainsi les avantages des foyers intérieurs aux chaudières, sans avoir leur inconvénient de réfroidissement et de combustion languissante.

La simplicité de marche est très-grande : la fumée se trouve brûlée sans mécanisme, sans machine motrice ; les foyers sont de dimensions restreintes, de l'abord le plus facile, et le charbon se trouve à pied-d'œuvre.

L'économie de main-d'œuvre est la conséquence nécessaire de la simplicité de la marche ; aussi un seul chauffeur a-t-il toujours suffi, et très-facilement, à la conduite d'un générateur de 130 chevaux.

La diminution des inconvénients des incrustations résulte :
1° de la suppression d'une partie des matières qui la produisent,
au moyen du traitement des eaux bicarbonatées calcaires par la
chaux ; (cette base, on le sait, transforme les bicarbonates ter-
reux solubles en carbonates insolubles, les précipite, et permet
de les séparer par filtration;) 2° de l'admission des eaux d'alimentation dans un premier bouilleur qui n'est point exposé au
feu direct du foyer.

La diminution des chances d'explosion résulte de plusieurs dispositions combinées dans cette pensée : qu'aucun des appareils
de sûreté ne puisse se trouver dans une condition d'inertie ou
d'inexactitude sans qu'on le sache ; que dans ce cas, il soit possible d'y remédier sans arrêter la marche du travail et sans paralyser l'instrument de sûreté ; qu'enfin les indications arrivent
au chauffeur sans qu'il doive les aller chercher, et pour ainsi
dire malgré lui.

M. Grar attache peu de valeur à ces dernières innovations,
parce qu'il ne s'agit que de simples et minimes additions aux
appareils usités. Ces additions ont cependant leur importance :
1° aux soupapes, il ajoute une clef de rodage fixe qui permet
de l'entretenir en bon état, sans diminuer le feu. Il ôte ainsi aux
chauffeurs tout prétexte à la surchage des soupapes dont ils
usent trop souvent ; 2° le flotteur, il le modifie en prolon-
geant l'axe d'un flotteur ordinaire jusqu'au delà de la maçonnerie, y adapte une immense aiguille indiquant sur un très grand
cadran placé en face même du chauffeur la hauteur de l'eau en
centimètres, de telle sorte, qu'à moins de le vouloir, on ne peut
ignorer un seul instant l'état d'alimentation de la chaudière ;
3° au sifflet d'alarme, à ceux de ses appareils qui sont placés tout
entiers à l'intérieur de la chaudière, il ajoute une tige verticale
fixée sur le bras du levier du flotteur, traversant une boîte à
étoupes et terminée par une main. La tige graduée indique en
centimètres la hauteur de l'eau dans la chaudière. Les sifflets,
suivant M. Grar, ont causé plus d'accidents qu'il n'en ont fait
éviter, par ce motif que, dans les conditions où se trouvent le
plus grand nombre de ces appareils, ils ne peuvent se faire entendre que dans un cas qu'on cherche à ne jamais produire ; ils
s'oxydent, et ne fonctionnent plus quand le manque d'eau arrive. La sécurité que donne l'instrument infidèle devient alors
la cause des accidents. La tige ajoutée par M. Grar permettant

au directeur ou au contre-maître de faire jouer le sifflet, quelle que soit la hauteur de l'eau, facilite son contrôle ; cette vérification faite une ou deux fois chaque jour, suffit pour assurer ses indications.

On a une vérification du flotteur lui-même, en comparant son état avec la graduation de la tige et le degré de son élévation au moment où joue le sifflet d'alarme.

Tel est le système de vaporisation de MM. Numa Grar et Cie.

La cloche régulatrice d'alimentation, et le système de retour général à vases entièrement clos des eaux condensées, qui le complètent, sont économiques et fonctionnent parfaitement.

En constatant les faits pratiques qui sont à sa connaissance et en les mentionnant d'une manière détaillée, le Comité de Valenciennes a eu surtout en vue de fournir au Jury international tous les éléments d'une question dont l'intérêt est purement général.

M. Numa Grar, juré suppléant dans la onzième Classe, et à ce titre hors de concours aux termes du règlement de l'Exposition, ne peut ambitionner d'autre récompense que celle de compter parmi les hommes utiles à son pays.

M. MEURS (François), poêlier-fumiste à *Valenciennes*.

Expose :

Une Cheminée à courant d'air réglé.

Les appareils employés pour le chauffage des appartements, à la houille, laissent tous à désirer. Tantôt l'hygiène, tantôt l'économie du combustible est négligée.

M. Meurs a eu l'idée de réunir dans un seul foyer les deux qualités du poêle et de la cheminée à feu ouvert; des registres permettent de donner à son appareil exclusivement l'un ou l'autre caractère, ou de le faire participer d'une manière réglée aux avantages de chacun d'eux. L'air qui alimente la combustion, pris au dehors, s'échauffe derrière le foyer, de telle sorte que dans les chambres, même parfaitement closes, la fumée n'est pas à craindre, une bonne ventilation à l'air chaud est assurée.

Le foyer-calorifère de M. Meurs n'est plus à l'état de conception, c'est une réalité. Il est établi ou en tôle ou en fonte. Plusieurs membres du Comité local ont reconnu, par expérience, ses dispositions avantageuses.

M. SERBAT, chimiste-manufacturier à *St-Saulve*.

Expose :

Mastics métalliques ;

Couleurs métalliques ;

Préparation pour empêcher l'incrustation des générateurs à vapeur.

M. Serbat, chimiste habile, manufacturier capable, possède depuis 1839, à St-Saulve, une fabrique de divers produits chimiques, qui tous ont trouvé de faciles débouchés dans les usines. Ses efforts ont réussi à créer un emploi aux résidus, aux produits perdus et sans valeur d'autres établissements industriels.

Les eaux savonneuses des peigneurs de laine, le sulfate de plomb sortant des fabriques de toile peinte, les résidus de la fabrication des couperoses vertes, du chlore, le chlorure de calcium des fabriques d'acide chlorhydrique sont par lui utilisés.

Associé nouvellement pour son industrie principale (la production de la graisse française) avec M. Jacqmarcq, il reste seul producteur des mastics et des couleurs métalliques.

Le mastic métallique de M. Serbat est un produit particulier, breveté en 1846 ; il résulte du mélange minutieux du sulfate de plomb calciné, du peroxyde de manganèse et de l'huile de lin. Il a valu à l'inventeur une médaille d'argent à l'Exposition de 1849, une médaille de platine à la Société d'encouragement pour l'industrie nationale. Il est employé aux mêmes usages que le mastic fait au minium et au blanc de céruse, mais il a sur ce dernier l'avantage de se conserver très-longtemps sans altération ; cette qualité est précieuse, elle permet d'en faire un objet de commerce pour la France et pour l'étranger. Le placement de ce produit, surtout pour l'assemblage des joints des appareils à vapeur, s'est tellement répandu, que dans deux établissements, dont l'un est situé à Quiévrain, en Belgique, sur la frontière, et l'autre à St-Saulve, on y occupe le travail de 20 ouvriers, de 2 machines à vapeur de la force, l'une de huit, l'autre de douze chevaux.

Les couleurs métalliques de M. Serbat, qui ont pour base le produit de la calcination, du sulfate de plomb avec des rognures de zinc, sont moins connues, mais assez estimées.

CLASSE X.

ARTS CHIMIQUES, TEINTURES ET IMPRESSIONS, INDUSTRIE DES PAPIERS, DES PEAUX, DU CAOUTCHOUC, ETC.

Quelques-unes des industries que la Commission impériale a rangées dans cette Classe sont exercées dans l'arrondissement de Valenciennes.

Les admissions prononcées par le comité local ne comprennent que des exposants pour la 2e *Section* ce sont :

MM. GELLÉ (Charles), savonnier à *Valenciennes*.

SERBAT et JACQMARCQ, à *St-Saulve*.

SIROT-WAGRET, à *Beuvrages*.

1re *Section*. — MM. SERRET, HAMOIR, DUQUESNE ET Cie, que leur industrie principale a fait inscrire dans la Classe XI, ont été aussi admis à présenter les produits chimiques par lesquels ils se distinguent d'une manière tout exceptionnelle. Ce sont les soudes, les potasses, le muriate et le sulfate de potasse. Tous les distillateurs de l'arrondissement de Valenciennes, qui transforment la mélasse indigène en alcool, évaporent les résidus de leur opération (les vinasses), et en obtiennent un produit charbonneux appelé *salin*, dans lequel se retrouvent tous les sels solubles enlevés à la terre par la betterave. Ce produit brut est tantôt vendu aux savonniers qui ont appris à s'en servir, tantôt acheté par MM. Serret, Hamoir, Duquesne et Cie, qui les premiers sont parvenus à isoler presqu'à l'état de pureté chacun des sels que ces salins renferment, tout en restituant à l'agriculture un résidu charbonneux que la présence de l'azote et des phosphates recommande un peu comme engrais.

La séparation de la soude de la potasse, à l'état de carbonate, longtemps considérée comme impraticable a été économiquement réalisée|par ces habiles manufacturiers. Ils ont été imités par quelques industriels, mais ils sont restés les seuls à s'occuper de cette épuration dans l'arrondissement de Valenciennes.

Chez eux, la qualité des produits alcalins a toujours été en s'améliorant : les lessives de salins concentrées et calcinées donneraient une potasse blanche contenant de 23 à 24 0/0 de soude et 20 0/0 de chlorure de potassium. Pendant longtemps on y laissa de 8 à 12 0/0 de soude ; en 1851, la potasse soumise au jury de Londres en retenait encore plus de 5 0/0; l'analyse, par le *natromètre*, n'y montre aujourd'hui que 2 à 3 0/0 de cet alcali étranger et 1 0/0 environ de chlorure.

Un degré de pureté aussi satisfaisant et obtenu d'une manière constante et régulière donne pour débouché aux potasses de Valenciennes les principales cristalleries de France ; celles de Baccarat et de St-Louis les introduisent dans leur travail sans épuration préalable. Les soudes *naturelles* qui sortent de la même usine ont un titre que n'offrent pas d'ordinaire les soudes artificielles du commerce. Leur blancheur, leur qualité leur assurent un placement facile, elles le trouvent dans les fabriques de glaces et de savon dur. Les salpêtriers utilisent le chlorure.

Malgré les avantages que le commerce et l'industrie doivent retirer de l'emploi de sels presque purs et de constitution toujours identique, leur prix est encore de nature à provoquer la préférence en leur faveur. Si l'on tient compte de la valeur de chacun des sels qui sont associés aux carbonates de potasse dans les potasses commerciales, quel que soit le cours, il est facile de s'assurer que le carbonate de potasse est plus chèrement payé dans les potasses exotiques que dans les potasses indigènes.

Le noir animal est aussi une des matières de cette Section dont la fabrication n'est pas négligée à Valenciennes. Cinq usines trouvent à placer leurs produits quoique la plupart des fabricants de sucre réparent le déchet de la révivification en mêlant des os neufs au noir à régénérer.

Ces produits chimiques sont les plus intéressants de ceux que produit l'arrondissement de Valenciennes ; on y fabriquait autrefois le sel ammoniac, la gélatine, l'acide chlorhydrique. L'important établissement de M. Patoux, sis à Aniches, sur la limite même de l'arrondissement, concourt avec MM. Kulhmann frères à l'approvisionnement de nos usines en acide chlorhydrique et sulfurique.

2e Section. — Des produits placés dans cette section, nous ne ferons que mentionner les huiles, les graisses, les vernis et les savons. Les articles de parfumerie, les goudrons, les produits résineux, les toiles cirées ne sont à Valenciennes que des objets purement de commerce et sans intérêt au point de vue de l'exposition.

L'extraction des huiles de graines, de colza, de lin, de pavot (dite d'œillettes) n'occupe pas moins de quatorze industriels dans l'arrondissement. Les moulins à vent sont les moteurs ordinaires que l'on emploie. M. Boca-Gellé et M. Delobel à Valenciennes font usage de machines à vapeur assez puissantes qui leur permettent une production considérable et presque continue. Les presses hydrauliques et les presses battantes à coin y font le travail. Les procédés d'épuration adoptés sont les anciens procédés bien connus et ne présentent aucun détail digne d'être cité.

Les graisses pour adoucir le frottement des machines sont trop utiles ici et y trouvent de trop faciles débouchés pour n'être pas le résultat d'une production locale. Des huiles animales, dites de pied de bœuf, des mélanges variables, des savons résineux sont livrés dans ce but à la consommation. La graisse dite graisse noire ou graisse française fabriquée chez nous par plusieurs industriels, est d'une assez bonne qualité, d'un prix assez abordable pour avoir trouvé au loin un placement considérable et facile.

Les vernis gras au copal dur et au succin, les vernis blancs au copal tendre, sont depuis longtemps fabriqués dans l'arrondissement par M. Pitat. Leurs qualités, constatées par les peintres en bâtiment et en équipage, qui en font emploi, ont valu des mentions honorables à ce producteur à plusieurs des expositions qui ont précédé.

Le savon le plus communément employé dans le pays pour le blanchissage du linge, est un savon en pâte, mou, appelé ordinairement savon noir ou savon vert en raison de sa couleur forcée. La fabrication de ces savons, connue de temps immémorial, déjà pratiquée largement au commencement du siècle dernier, est restée longtemps stationnaire (1); elle s'opérait en suivant les errements d'une ancienne routine, empiriquement mai[illegible] régulièrement. Les huiles de graines de différentes sortes, [illegible] suivant la saison, les potasses d'Amérique, de Toscane ou de R[ussie] [illegible] comme alcalis, un peu d'indigo introduit pour imiter la c[illegible]oloration naturellement verte des savons estimés à l'huile de chenevis, étaient les seuls corps qu'on fit concourir à la forma[t]ion d'[un] savon mou. De tout temps le mérite du producteur a rés[idé] [illegible] dans le talent d'y introduire la plus forte quantité d'eau poss[ible] tout en lui conservant l'aspect auquel les consomm[a]teurs sont accoutumés : de la transparence et une certaine [illegible] solidité.

Quoique moins circo[nscrite] que pour les savons marbrés de Marseille, la limite [illegible] etait cependant assez invariable.

Les conquêtes de la science ont singulièrement modifié les conditions vitales de cette industrie. Aux potasses exotiques sont venues se substituer les potasses indigènes, obtenues manufacturièrement de l'incinération des vinasses de distillation de mélasses. Brut, ce produit alcalin, appelé salin, offre à titre égal sur les potasses étrangères un avantage de prix considérable, mais son impureté est telle, la soude, le chlorure de potassium notamment y sont si abondants, que par son emploi exclusif la saponification est difficile, la conservation du produit toujours problématique. L'intérêt a poussé au progrès; les savonniers

---

(1) « Les savonniers du département du Nord, disait Dieudonné en 1804,
» sont imbus du préjugé qu'il leur est impossible de parvenir à remédier à la
» culte de savon qu'il ont manquée eux-mêmes : ils sont dans l'usage d'appeler à
» leur secours un autre savonnier; et c'est une espèce de point d'honneur entre
» eux de se rendre réciproquement ce service. On les voit faire, pour cet objet,
» des voyages de plusieurs kilomètres. »

8.

éclairés ont expérimenté; **M. A.** Duquesne producteur de potasses leur a ouvert la voie. On a cessé de marcher en aveugles; l'alcalimètre, les moyens rapides d'analyse fournis par la chimie, ont porté la lumière sur des faits autrefois inexpliqués. Aujourd'hui l'on sait que sans défaveur pour la qualité du savon mou, la soude peut y entrer à forte dose, surtout pendant les chaleurs de l'été; le chlorure de potassium a été reconnu propre à faire l'office de carbonate de potasse, à servir de *doucette*, en d'autres termes à permettre l'introduction d'une plus forte proportion d'eau. On a vu qu'avec des potasses des soudes commercialement pures, avec le chlorure de potassium pur l'on pouvait économiquement saponifier des huiles de qualités inférieures. Les savonniers instruits, assez intelligents pour profiter de ces connaissances acquises, assez attentifs pour tenir compte des circonstances atmosphériques, ont eu sur leurs concurrents un avantage trop marqué. Les prix se sont successivement avilis. Comme pour tous les produits dont le placement s'effectue par l'intermédiaire du commerce de détail, fort peu préoccupé d'ordinaire de ce qu'il débite s'il y trouve un bénéfice, la concurrence s'est établie sur la valeur plutôt que sur la qualité. Les huiles de poisson, les graisses de cuisine, les résidus d'épuration, la résine, ont remplacé en partie les huiles de graines, des substitutions regrettables ont combattu des progrès réels, et il est assez rare de rencontrer dans la circulation un savon irréprochable.

C'est dans le désir d'encourager de véritables améliorations, que le Comité local a cru devoir admettre un des honorables représentants de la savonnerie de Valenciennes.

M. GELLÉ (Charles), fabricant de savon mou à *Valenciennes*.

E**XPOSE** :

Savon mou, formé d'huile de graines et de potasse;

—   —   dont la soude fait principalement la base;

Savon mou, dont le corps gras est remplacé en partie par la résine, et dont la soude fait principalement la base;

Lessives et Sels alcalins, extraits du salin de mélasse;

Sel marin raffiné.

M. Charles GELLÉ est un des premiers savonniers qui ont suivi le progrès, sans cesser de livrer au commerce des produits estimés. Formé de bonne heure à la pratique de la savonnerie que son père exerçait dès 1821; familiarisé aux opérations chimiques, initié par des études spéciales aux connaissances industrielles les plus complètes, mieux que tout autre il a pu comprendre et admettre des idées de réforme.

Le savon est fabriqué exclusivement chez lui avec des lessives sorties de l'épuration des salins.

Le raffinage du sel marin s'y fait d'une manière irréprochable dans des poéles chauffées à la vapeur.

Ces mérites de fabricant ne sont pas les seuls que le Comité reconnaisse à M. Ch. Gellé; il s'est présenté à lui comme inventeur d'un appareil à force centrifuge, dont la mention existe Classe XI.

MM. SERBAT ET JACQMARCQ, à *St-Saulve.*

EXPOSENT :

Graisse française, Huiles pour lubrifier les machines, Dégras pour corroyeur.

La graisse française, fabriquée depuis 1839 par M. SERBAT seul, et en société avec M. JACMARCQ, depuis peu, est un produit onctueux destiné à adoucir le frottement des machines. C'est un perfectionnement de l'ancienne graisse noire; les huiles pyrogénées résultant de la distillation de la résine, et la chaux, auxquels s'ajoutent souvent les produits nés de la décomposition en vases clos des savons métalliques, en sont les composants ordinaires.

La graisse française brevetée diffère des produits similaires du commerce, obtenus comme elle avec la chaux et l'huile de résine, en ce que la chaux n'y est pas incorporée avec ses impuretés siliceuses pour lui donner la consistance ; son état gélatineux est dû à la combinaison de l'huile pyrogénée purifiée, avec une minime portion d'un composé calcaire, débarrassé aussi par le repos des impuretés qui le souillent. Ces soins en font une matière capable de lubrifier les machines sans les altérer.

Cette graisse est devenue la source d'une production considérable.

M. SIROT-WAGRET, fabricant d'huiles pour machines à *Beuvrages*, près Valenciennes.

EXPOSE :

Huiles animales et végétales pour machines.

L'usine de M. SIROT, qui existe depuis dix ans, emploie 10 ouvriers et 4 chaudières pour la préparation de ces matières grasses. Elle fait annuellement pour 50,000 fr. d'affaires.

CLASSE XI.

PRÉPARATION ET CONSERVATION DES SUBSTANCES ALIMENTAIRES.

Les industries comprises dans cette Classe sont de la plus haute importance pour l'arrondissement de Valenciennes. L'amidon, le sucre, l'alcool, la bière, le café-chicorée occupent directement ou indirectement une multitude de bras et sont pour la contrée une source d'activité et de richesse inépuisable. Le Comité local a admis des exposants dans quatre des Sections qui la composent, ce sont :

Dans la 1re Section :

MM. RISBOURG, négociant en farines à *Bouchain*.

MM. GOUTIÈRE (César), amidonnier *à Valenciennes*.

VANSTEENKISTE dit *Dorus*, amidonnier *à Valenciennes*.

Dans la 2e Section :

MM. GELLÉ (Charles), négociant *à Valenciennes*.

GROUPE DES FABRICANTS DE SUCRE DE L'ARRONDISSEMENT.

Numa GRAR ET Cie, raffineurs de sucre *à Valenciennes*.

Dans la 3e Section :

MM. CASTIAU ET Cie, fabricants de sucre et distillateurs *à Vieux-Condé*.

GROUPE DES DISTILLATEURS DE L'ARRONDISSEMENT.

SERRET, HAMOIR, DUQUESNE ET Cie, *à Valenciennes*.

Dans la 5e Section :

M. BÉLANGER (Charles), fabricant de chicorée *à Fresnes*.

1re Section. — La production de l'amidon a suivi, à Valenciennes, la décadence que la suppression de la poudre à poudrer a occasionné partout en 1789. A cette cause s'est ajoutée, chez nous, la diminution d'importance du commerce et de l'apprêt des batistes. Cette décroissance n'a rien enlevé de la réputation que les maisons de Valenciennes ont su acquérir pour la belle qualité de leurs produits ; car elles n'ont rien changé aux procédés que la tradition leur a fait connaître. Les pratiques nouvelles, moins insalubres, et adoptées manufacturièrement dans le pays par un homme éclairé, n'ont pas donné de résultats qui autorisent nos amidonniers à changer leur méthode de travail.

M. RISBOURG, négociant en farines à *Bouchain*.

Expose :

Blé brut et Farines avec tous les produits intermédiaires de la mouture.

L'établissement de M. Risbourg a été fondé en 1836 ; son importance s'est successivement accrue ; quatre moulins sur la Selle et sur l'Escaut, dans lesquels agissent 25 paires de meules, réduisent annuellement en farine 105,000 hectolitres de blé.

M. Risbourg a été utile au pays, en important de Pologne et d'Amérique, en 1847, 60,000 hectolitres de blé ; en 1853, 57,000 hectolitres. Ses produits alimentent plus particulièrement l'arrondissement de Valenciennes ; leur marque est estimée. C'est le seul établissement de meunerie, dans le Nord, dont la production soit aussi considérable, l'outillage aussi complet et aussi parfait.

M. GOUTIÈRE (César), amidonnier à *Valenciennes*.

Expose :

Amidon.

M. Goutière n'a pas encore exposé. Ses amidons purs et de bonne qualité sont estimés dans le commerce.

M. VANSTEENKISTE dit *Dorus*, amidonnier à *Valenciennes*.

Expose :

Amidon de froment.

M. Dorus a obtenu une mention honorable à l'Exposition nationale de 1849. Cet industriel n'est pas de ceux qui cherchent à accroître l'importance de leur production en sacrifiant la qualité. Comme en 1849, en 1854, 4,500 hectolitres de céréales de diverses espèces ont été affectés à produire environ 150,000 kilog. d'amidon.

De père en fils, de 1803 jusqu'aujourd'hui, on s'attache principalement à maintenir la réputation des produits de cette maison. Des médailles aux Expositions de Valenciennes, en 1835 et en 1838, témoignent de leur perfection soutenue. Les amidons obtenus par l'ancien procédé, par fermentation, sont d'une grande blancheur et bien débarrassés de gluten ; ils sont très-recherchés pour l'apprêt des plus fins tissus.

SUCRES.

2ᵉ Section. — La fabrication du sucre de betterave est, pour ainsi dire, l'industrie-mère de l'arrondissement de Valenciennes. Elle a fait naitre, elle a entretenu une foule d'ateliers qui ont grandi et sont devenus aptes à servir même les fabriques des arrondissements voisins. Elle a concouru à la prospérité de notre agriculture. Elle continue à porter le bien-être dans nos campagnes en occupant, l'hiver, les bras employés l'été au travail des champs. Elle nourrit un nombreux bétail, donne de l'engrais à la terre et fournit à la consommation de la viande, aliment qui devient de plus en plus précieux.

Plus de 60 usines, dont la production totale dépasse treize millions de kilog. de sucre, sont dirigées par des hommes que l'amour du progrès tient toujours en éveil. Les liens de bonne confraternité, si rares entre rivaux, les unissent. Par une sorte de convention tacite que repousserait tout sentiment égoïste, une réciprocité de services rendus fait éviter aux uns les pertes que des innovations fâcheuses occasionnaient aux autres, fait adopter par tous les pratiques jugées les meilleures et les plus économiques. Toutes les méthodes de travail, la plupart des appareils créés pour les besoins de la sucrerie ont été mis à l'essai dans l'arrondissement de Valenciennes ; une appréciation collective, judicieuse en a toujours été faite ; leur rejet ou leur acceptation ont été sanctionnés au dehors. Plusieurs des procédés que l'industrie du sucre de betterave a généralement admis ont pris leur point de départ au milieu de nous.

La ville de Valenciennes avait compté, dans son enceinte,

deux fabriques de sucre en 1813; l'une appartenait à **MM. Charpentier et Mathieu de Quenvignies**, l'autre à **M. Duquesne**. Ces fabriques dans l'enfance tombèrent avec l'Empire. Une seule, des onze qui existaient alors dans le département du Nord, survécut comme pour conserver le spécimen de l'outillage primitif, d'une production des plus restreintes; ce fut **M. Houdart**, de Villers-au-Tertre (arrondissement de Douai) qui entretint le feu sacré.

Le sucre indigène ne fit son apparition dans le nord sérieusement, avec le cortége des innovations dues à la science, qu'en 1825. **MM. Harpignies Blanquet et Cie** ont l'honneur de la fondation, à Famars, de la première véritable sucrerie. Le premier appareil connu en France pour la cuite à vapeur, à air libre, y fut introduit. C'est dans le même établissement que successivement ont été essayés, et pour la première fois, l'emploi du noir en grains, le procédé d'épuration des sucres de **M. Schutzenbach**, les turbines.

Ce sont là de beaux titres pour l'honorable président du Comité de Valenciennes, **M. Désiré Blanquet**, titres reconnus dès longtemps par la décoration de la Légion d'honneur qu'il obtint comme agriculteur et comme industriel en 1831. Pour que notre opinion ne puisse pas être attribuée à une sympathie, bien légitime d'ailleurs, nous ne ferons que reproduire l'appréciation qu'en fait l'éloquent rapporteur des jurys départementaux.

En 1834, en 1844, **MM. Harpignies, Blanquet et Ce** avaient été signalés. Voici en quels termes, en 1849, **M. Kuhlmann** résumait l'opinion du jury départemental et rendait justice à nos concitoyens : « Quoique ces manufacturiers ne figurent pas parmi » les exposants, le jury départemental ne saurait passer sous » silence les efforts qu'ils ont faits pour introduire dans la pratique de leur industrie tous les procédés nouveaux qu'ils ont » jugés susceptibles d'une utile application. Dès les premiers pas » de la sucrerie, les procédés de filtration par le noir animal » en grains ont été expérimentés dans leur usine.

» Plus tard, les procédés de clairçage méthodique de Schutzenbach ont été installés à Famars, qui est devenu en quelque » sorte l'école expérimentale de la sucrerie du Nord. Enfin » c'est encore chez **MM. Harpignies, Blanquet et Cie** qu'un mécanicien saxon, **M. Seyrig**, a pu mettre à exécution l'appareil

» à force centrifuge dont nous venons de parler. Ajoutons que
» dans toutes les circonstances où les intérêts de l'industrie
» sucrière étaient menacés soit dans les conseils généraux, soit
» dans les assemblées législatives, ces intérêts ont toujours
» trouvé dans M. Désiré Blanquet un éloquent interprète et un
» ardent défenseur. Le jury départemental aime a rendre cette
» justice à l'un des industriels dont s'honore le plus le départe-
» ment du Nord. »

Le Comité local ne peut ajouter qu'une chose à un témoignage
aussi flatteur, c'est que M. Blanquet, membre de la Chambre de
commerce de Valenciennes, membre des Conseils généraux de
l'agriculture, des manufactures et du commerce, n'a point cessé
de prêter son concours à l'industrie. On le voit encore coopérer
à l'administration des établissements métallurgiques de Denain
et d'Anzin. L'Exposition universelle a été pour lui l'occasion de
montrer le zèle et l'abnégation dont il a su faire preuve en toute
circonstance.

En 1835, M. Remy-Deruesne, mû par un louable sentiment
d'humanité, s'est ingénié à remplacer la main de l'homme sans
cesse exposée lorsqu'elle livrait les betteraves à la râpe, il a
imaginé le *pousseur-mécanique* et l'a généreusement abandonné
au domaine public. Ce mécanisme est depuis long-temps univer-
sellement accepté.

Les appareils à force centrifuge de MM. Rolfs Seyrig et Cⁱᵉ
sont les seuls moyens nouveaux que la sucrerie locale ait adoptés. Leur emploi a singulièrement abrégé la durée du clairçage
des sucres et simplifié le travail. Des améliorations de détails,
des soins plus minutieux ont amené un progrès insensible mais
réel.

La défécation ordinaire avec dose modérée de chaux, la filtration sur le noir, l'évaporation à vapeur, la cuite quelquefois dans
le vide, sont les pratiques le plus communément suivies et qu'aucune innovation ne distingue. Trois établissements seulement,
ceux de MM. Serret, Hamoir, Duquesnes et Cⁱᵉ, de M. Hamoir
et de MM. R. de Bailliencourt et Cⁱᵉ opèrent sur la betterave
desséchée dite *Cossette*. La cossette y est épuisée de sucre par
des lavages méthodiques, en vases clos, à l'aide de l'eau chaude
et en présence de chaux caustique. Les jus denses que l'on obtient sont traités comme les jus sortant des presses. Ce système

particulier de travail permet une fabrication continue au lieu de l'intermittence à laquelle sont condamnées toutes les autres sucreries, permet plus favorablement des approvisionnements lointains, et assure la conservation parfaite de la betterave.

L'élévation continuelle du prix de cette racine a fait surtout sentir le mérite de cette dernière méthode, car, à part quelques grands cultivateurs qui joignent l'industrie à leur exploitation agricole, les fabricants achètent la betterave, livrent le sucre aux raffineries, la mélasse aux distilleries, la pulpe aux cultivateurs (1). Pour ceux-là les exigences de l'agriculture sont devenues telles que plusieurs des plus habiles ont porté dans le Puy-de-Dôme, dans la Nièvre, une industrie qu'ils ont honorée dans l'arrondissement de Valenciennes. Ni les difficultés d'une conservation aussi prolongée de la betterave sous un ciel plus chaud, ni celles d'un entourage étranger aux habitudes du métier, ne leur ont paru capables de compenser les ennuis et les conditions onéreuses que la concurrence occasionne chez nous dans l'achat de la matière première.

Malgré ses belles cultures, l'arrondissement est en effet au-dessous des besoins de son industrie sucrière. L'accroissement successif de la surface plantée en betteraves n'a pu suivre le développement des usines !

En 1830 l'arrond. n'avait que		415 hect. de terre en betteraves.
En 1839	— avait	2,680	—	—
En 1844	—	3,056	—	—
En 1849	—	5,272	—	—
En 1852	—	7,319	—	—
En 1854	—	6,963	—	—
En 1855	— a	7,341	—	—

(1) À la réapparition de la sucrerie indigène, on avait cru que cette industrie devait être une annexe de la ferme et de la petite culture, comme quelques-uns le pensent aujourd'hui de la distillation de la betterave. L'insuccès a fait, chez nous, prompte justice de cette prétention, malgré les encouragements de la Société centrale d'Agriculture de Paris qui, en cela, ne faisait du reste que consacrer une opinion trop généralement accréditée. Plus tard, l'excès contraire a porté a concentrer dans les mêmes mains l'agriculture, la fabrication et le raffinage ; c'était supprimer les raffineries. L'expérience a montré que la division du travail donnait les meilleurs résultats.

Cela paraît être l'apogée de cette plantation sur notre sol.

Nous avons dit qu'en 1825, et dans les campagnes 1826-1827, l'arrondissement possédait une fabrique de sucre ; en 1827-28, il en avait deux ; en 1828-29 et jusqu'à 1830, trois ; en 1830-31, cinq ; en 1835-36, quarante-cinq. Depuis lors leur nombre a varié de quarante-sept à soixante-trois jusqu'à l'année 1853, où l'élévation du cours des alcools vint modifier la situation, soit par la transformation complète de quelques fabriques de sucre en distilleries, soit par l'organisation de certaines fabriques à double usage, c'est-à-dire outillées pour produire à volonté le sucre ou l'alcool. Dans la dernière campagne 1854-55, quarante fabricants seulement sont restés purement fabricants de sucre, et sept ont produit du jus ou des cossettes par arrangement avec ceux de leurs confrères qui s'étaient faits distillateurs.

Si l'on rapproche du nombre des fabriques les quantités de sucres produites annuellement, il sera facile de reconnaître combien ces établissements ont grandi en importance. Le Comité local doit la communication du tableau suivant, ainsi que plusieurs autres documents, à la complaisance de M. Gréterin, directeur des douanes et des contributions indirectes à Valenciennes :

(Voir le tableau ci-après.)

ARRONDISSEMENT DE VALENCIENNES.

FABRICATION DU SUCRE INDIGÈNE.

DÉSIGNATION des Campagnes.	NOMBRE de Fabricants de sucre.	QUANTITÉS fabriquées au 1er type.	DROITS ACQUITTÉS dans l'arrondissement de Valenciennes.					
			Principal.		Décime.		Total.	
			F.	C.	F.	C.	F.	C.
1844 45	47	6,676.620	1,937.833	60	193.783	36	2.431.616	96
1845 46	49	7,563,050	1,949 053	35	194,905	35	2,143 958	70
1846 47	48	8.956,115	3.052.049	85	305,204	99	3.357 254	84
1847 48	51	11.504,029	3,764.164	50	376 416	47	4,140.580	97
1848 49	52	10.325.858	4,299,195	15	429 919	52	4,729.114	67
1849 50	52	13 833 068	4,633,116	40	463,211	64	5.095.328	04
1850 51	58	16 687.977	5,414 071	46	541,407	15	5.935.478	61
1851 52	63	10,858,528	2.448 313	59	244.831	37	2.692,144	96
1852 53	62	13.167.051	5.108.076	42	510.807	66	5,618.884	08
1853 54	54	13,573,626	5,674,287	80	567,428	79	6,241,716	59

De ces chiffres on peut déduire plusieurs remarques intéressantes.

D'une part, c'est que la culture est insuffisante pour l'approvisionnement des usines; ce fait est des plus saillants pour 1850-51. Si l'on admet un rendement de 40,000 kilog. de betteraves à l'hectare, la teneur de la betterave en sucre n'aurait pu permettre la production de 16 millions 1/2 de kilog. de sucre au 1er type.

Depuis qu'une forte partie des betteraves est distillée, si l'on ajoutait la production d'alcool à celle du sucre, on arriverait facilement à la même conséquence. Ces calculs ne sont pas nécessaires pour nous qui savons, sur place, que des départements du Pas-de-Calais, de l'Aisne, de la Somme, de l'Oise, se font des arrivages considérables de betteraves vertes ou sèches par la navigation. La diminution du droit d'entrée en a fait tirer 4 millions 1/2 de kilog. de la Belgique.

D'un autre côté. ces chiffres ne disent-ils pas aussi en les comparant à la production de la France, que l'arrondissement donne toujours plus du *cinquième* de la quantité totale du sucre indigène, quand toutes les sucreries fonctionnent, et qu'il en fait encore *le sixième* lorsque la production de l'alcool absorbe une partie des betteraves.

Production de la France	En 1844-45	35,131,000 k.	sucre.
	1849-50	59,788,000	—
	1850-51	76,151,000	—
	1851-52	68,583,000	—
	1852-53	75,275,000	—
	1853-54	76,957,000	—

La valeur de cette fabrication, l'impôt qu'elle procure au trésor méritent bien aussi d'être relevés : en 1853-54 , d'après le prix moyen, plus de *neuf millions* de francs ont payé nos produits; 6,241,716 fr. sont entrés dans les coffres de l'Etat.

Il n'est pas étonnant, en présence d'une importance aussi grande de l'industrie du sucre, dans l'arrondissement de Valenciennes, de voir que le raffinage des sucres bruts s'y soit établi sur une échelle colossale.

Nous rappellerons, pour mémoire, qu'avant 1789 il existait à Valenciennes une *raffinerie royale* de sucre; ses bénéfices les plus nets résultaient du privilége qui lui était accordé de percevoir deux liards à la livre sur le sucre entrant en ville. Elle disparut à la révolution.

La première raffinerie de sucre de betteraves fut fondée en 1834 par M. Numa Grar sous la raison sociale Boca et Grar frères, elle est aujourd'hui connue sous le nom Numa Grar et Cⁱᵉ. La seconde a été celle de Famars que MM. Harpignies, Blanquet et Cⁱᵉ ont établie par transformation de leur fabrique de sucre; elle est actuellement dans les mains de la société Numa Grar et Cie. D'autres établissements d'une durée éphémère se sont formés. La raffinerie de M. Giraud – Dhaussy, celle de MM. Tancrède et Cie, à Marly, concourent largement à la production des sucres en pains.

Ces établissements peuvent être considérés comme livrant ensemble à la consommation dix millions de kilog. de sucre raffiné; ce qui représente près de 1,500,000 pains de sucre, ou en argent *quinze millions de francs.*

Nous pouvons ajouter que les sucres raffinés de Valenciennes jouissent dans toute la France d'une réputation que leur qualité justifie. Leur travail est l'objet de tous les soins d'hommes d'une grande expérience ; les moyens fournis par la science, le saccharimètre, le procédé de M. Payen, renseignent pour les achats et guident les préférences. MM. Numa Grar et Cie ont été distingués aux précédentes Expositions, ils se tiennent à la tête du progrès. C'est dans leur usine que M. Dubrunfaut a mis en pratique pour la première fois son ingénieuse idée de l'extraction du sucre cristallisable des mélasses par la baryte, problème aujourd'hui résolu manufacturièrement, et que l'abaissement du prix des mélasses remettra sans doute un jour en vigueur.

En résumé, l'industrie des sucres est bien posée, dignement représentée, dans l'arrondissement de Valenciennes.

M. GELLÉ (Charles), négociant à *Valenciennes*, exposant admis Classe X^e.

Expose, comme inventeur :

Appareil à force centrifuge pour la décantation accélérée des liquides.

Dans les fabriques de sucre, lorsque les jus de betteraves sont accompagnés d'une grande quantité de chaux, la séparation des dépôts est lente et pénible. M. Gellé, préoccupé de ces difficultés, a pensé que la force centrifuge pourrait agir plus rapidement et simplifier ce travail. Il a imaginé l'appareil qu'i. expose.

Monté dans une fabrique de sucre, que la distillation de ses betteraves a mis en chômage, cet appareil n'a pu être, jusqu'ici, l'objet d'essais assez suivis pour donner des résultats certains sur sa valeur manufacturière. Bien conçu, bien exécuté par M. Cail, il a paru susceptible de nombreuses applications pour la décantation des liquides troubles. L'intérêt général qui s'y rattache a valu à son auteur un accueil des plus favorables.

GROUPE DES FABRICANTS DE SUCRE DE L'ARRONDISSEMENT DE VALENCIENNES.

Expose :

Sucre de betterave.

Le Comité de l'arrondissement de Valenciennes, entrant dans les vues de la Commission impériale, a provoqué une inscription en groupe des fabricants de sucre de sa circonscription. Il a pensé qu'une industrie aussi utile à la prospérité agricole et manufacturière du pays avait sa place marquée dans le Palais ouvert à toutes les productions importantes ou remarquables. Les fabricants de sucre de l'arrondissement livrent ensemble à la consommation à peu près le *cinquième* de la quantité de sucre indigène fabriqué dans la France entière. Comme nous le montrons dans les généralités de cette classe, ils ne sont pas restés étrangers aux progrès de leur industrie.

MM. Numa GRAR et Cⁱᵉ, raffineurs de sucre à *Valenciennes,*

Exposent :

1° Echantillons de Sucres et Sirops;

2° Un buste de Vierge en sucre, cristallisé, claircé dans le moule, spécimen d'une grande habileté pratique.

Le rapporteur du jury central de l'Exposition de 1849 signalait MM. Numa GRAR ET Cⁱᵉ pour la perfection exceptionnelle de leurs procédés et des produits qu'ils livraient au commerce dans des proportions considérables.

Une médaille d'or à l'Exposition nationale de 1849, la croix de la Légion d'honneur, une grande médaille à l'Exposition de Londres en 1851, voilà les distinctions de premier ordre qui ont récompensé MM. Numa GRAR ET Cⁱᵉ, comme raffineurs de sucre.

Cette supériorité jugée, reconnue et toujours incontestée, est devenue plus manifeste par un notable accroissement de production résultant de l'adjonction à l'établissement de Valenciennes de la raffinerie de Famars.

M. Numa Grar ajoute, en 1855, aux mérites que ses antécédants lui ont fait reconnaître, en offrant au jury des conceptions remarquables en plusieurs genres. (Cl. VI. Cl. IX.)

Cette aptitude industrielle jointe à une grande honorabilité de caractère ont fait appeler M. Grar à la position la plus élevée à laquelle un industriel capable puisse aspirer, celle de siéger parmi les juges d'un concours aussi imposant.

BIÈRE, ALCOOL.

3ᵉ Section. — Des boissons fermentées qui ont été comprises dans cette Section, la bière, le genièvre, l'alcool sont les seules dont la production soit intéressante à Valenciennes.

Les savants, qui recherchent les causes des modifications qui surviennent dans les climats, s'arrêtent plus que nous ne devons le faire à ce fait que des vignobles ont existé sur notre territoire, car chacun sait que de nos jours, dans les conditions les plus favorables, le raisin arrive difficilement à maturité dans le département du Nord.

La Flandre, loin de porter ombrage sous ce rapport à la Bourgogne, à la Guyenne et à la Gascogne, loin de soutenir avec ces provinces une concurrence qui n'a jamais pu être bien redoutable, la Flandre ouvre ses caves à leurs vins des meilleurs crûs ; le bien-être général qui y règne ne fait qu'accroître, de jour en jour, l'approvisionnement considérable qui s'y fait.

La bière est dans le pays la boisson commune, aussi ne doit-on pas s'étonner d'y compter un brasseur sur mille habitants. En rapprochant leur nombre du chiffre de la production, on est forcé de reconnaître qu'en moyenne leurs établissements sont d'une importance secondaire. On ne rencontre pas, en effet, dans l'arrondissement, de ces brasseries colossales comme on en trouve dans les villes plus peuplées que les nôtres. Quelques brasseurs seulement s'aident d'appareils à vapeur ; mais chez tous le travail est complet : le *maltage* s'effectue aussi bien que le *brassage* dans leurs ateliers. La multiplicité des brasseurs (deux par commune en supposant la répartition également faite) peut être considérée comme avantageuse. Elle donne à presque toutes les communes la boisson ordinaire, la levure pour la panification, et la *drèche* pour l'engraissement du bétail. Toute divisée qu'elle soit, la production est néanmoins considérable. Le tableau ci-dessous permet cette conclusion : que l'on fabrique approximativement chaque année 145 litres de bière forte par habitant (1); que la valeur des bières obtenue est de plus de *trois millions*, et que l'Etat reçoit annuellement de cette source 670,000 fr. de revenus.

ARRONDISSEMENT DE VALENCIENNES.

DÉSIGNATION des ANNÉES.	NOMBRE de BRASSEURS.	QUANTITÉS FABRIQUÉES. BIÈRES		DROITS perçus DÉCIME compris.
		FORTE à 2 f. 40 c. l'hect.	PETITE à 60 c. l'hect.	
		hect. l.	hect. l.	fr. c.
1845	141	198,467 52	76,965 09	574,767 07
1846	142	210,415 42	82.646 28	610.059 39
1847	143	200,157 61	82 541 16	582.910 10
1848	143	209.163 02	80,929 25	605,622 64
1852	158	228.656 33	97,823 92	668,287 86
1853	163	229 479 66	102.212 93	673 3 5 95
1854	161	226.341 43	108,223 41	668,988 43

(1) M. Dieudonné montre que la consommation de la bière, en 1804, n'était que de 93 litres par habitant.

L'orge est la matière première de nos bières ; comme partout, le houblon lui est associé pour assurer leur conservation. Quoique les houblons soient cultivés sur notre sol, les récoltes en sont bien insuffisantes. Les arrondissements d'Avesnes, d'Hazebrouck nous envoient les leurs, Poperingue (Belgique) nous fournit les plus estimés.

La bière blanche, de peu de conservation, n'est pas la plus recherchée. Les habitudes du consommateur obligent les industriels à fabriquer une bière très-colorée qui a dû longtemps sa teinte foncée à un peu de chaux qn'on y introduisait à tort. *Le rouge végétal*, autrement dit le caramel de glucose, remplit aujourd'hui sans inconvénient le même objet. Si les données de la science peuvent être quelquefois regrettables, c'est lorsqu'elles trouvent de mauvais interprètes auprès des producteurs de denrées alimentaires. Les houblons sont-ils à un prix élevé? les substances amères, l'acide picrique sont présentés par eux comme se prêtant à une substitution avantageuse, économique. Selon eux, le grain peut aussi être remplacé par le sirop de fécule, par la mélasse même ; on les indique comme simplifiant le travail, rendant les fermentations plus certaines. Heureusement les brasseurs de Valenciennes n'écoutent qu'avec défiance les propositions de ces voyageurs éhontés qui colportent de ville en ville leurs coupables recettes. Ils savent qu'en se livrant à de pareilles falsifications, ils se détournent de la voie de moralité qui doit être la base de toute opération manufacturière, que la bière n'est pas seulement une boisson tonique, rafraîchissante, qu'elle doit être nutritive, que le sucre *glucose* est impuissant à lui porter l'azote que M. Payen a dosé dans les bières bien fabriquées. Celles-ci contractent en vieillissant une saveur que la généralité des consommateurs recherche. Malheureusement le prix de la bière ne suit pas toujours d'assez près le cours des céréales et du houblon. Lorsque les prix de ces matières premières s'élèvent, la bière se fait moins forte, elle se conserve moins longtemps ; une acidité prononcée s'y développe promptement et ôte à ce produit ses qualités et son véritable caractère. Cependant, la vieille bière, fabriquée dans ces conditions, devient, par l'acide lactique, un excellent dissolvant des phosphates et une boisson qui s'oppose naturellement à certaines affections calculeuses par cela même, sans doute, presque inconnues chez nous.

D'après la statistique du département du Nord, par Dieudonné, l'eau-de-vie de grains, connue sous le nom de *genièvre* (1) était fabriquée dans ce département dès 1775. Dunkerque était la seule ville où cette production fût autorisée ; l'abolition du privilége qui lui était accordé répandit les distilleries de grains dans toute l'étendue du département ; le territoire de l'arrondissement de Valenciennes en eut bientôt un grand nombre. En 1852, on en comptait dix-huit fournissant annuellement environ 4,500 hectolitres de genièvre.

Cette boisson alcoolique, dont la saveur particulière n'a rien de bien agréable pour les palais qui n'y sont pas accoutumés, est cependant très-goûtée par ceux qui en font un usage habituel. La consommation en est ici presque générale (2).

Sa fabrication donne des résidus qui sont pour la nourriture du bétail une ressource excellente et précieuse.

L'élévation du cours des alcools a tout à coup accru outre mesure la production des alcools de grains : en 1854, la quantité fabriquée a été précisément double de ce qu'elle était en 1852, sans que le nombre des établissements ait sensiblement changé. Dans d'autres localités du Nord on commençait la distillation des céréales dans de si vastes proportions, que ses besoins auraient été de nature à peser sur le cours, déjà fort élevé, des farines. Un décret impérial intervint le 26 octobre 1854 qui défendit d'une manière absolue la transformation des substances alimentaires en alcool. Les intéressés le subirent comme une garantie nécessaire réservée à l'alimentation publique, comme un témoignage de la sollicitude du gouvernement pour les intérêts de la population. Une disette, en 1802, avait déjà condamné,

---

(1) Ce nom ne prouve pas que les baies de genièvre entrent dans sa fabrication.

(2) On a souvent attribué à cette boisson la propriété de causer promptement une ivresse exagérée. C'est un fait d'observation qui ne paraît pas contestable et qui a contribué, sans doute, à mettre en question, vers 1800, au sein du Conseil d'Etat, la suppression de cette industrie. Ne serait-il pas permis d'admettre que cette énergique action sur l'organisme est due à ce que les débitants livrent le genièvre à la consommation trop peu de temps après sa sortie des alambics ? On sait que le tafia récent communique à ceux qui le boivent des mouvements convulsifs, un abattement qui durent plusieurs jours et que cette mauvaise qualité se perd avec le temps. Ces observations ont conduit, aux îles de France et de Bourbon, à prescrire de le garder deux ans en tonneaux, avant de le mettre en vente.

par mesure départementale , les mêmes établissements à l'inaction ; leurs propriétaires montrèrent alors la même sagesse, la même résignation.

Cette industrie est donc aujourd'hui tout à fait assoupie. Les genièvres sont actuellement importés de la Hollande. Il en entre par Valenciennes des quantités assez considérables pour la consommation du nord de la France.

L'alcool de mélasse est aussi depuis longtemps une des productions locales. M. Semal, M. Delannoy, M. Cheval, MM. Serret, Hamoir, Duquesne et Cie ; plus tard MM. Durel et Cie, se sont adonnés exclusivement à la distillation des derniers sirops que la sucrerie abandonne sans pouvoir en extraire le sucre cristallisable. C'est dans l'usine de MM. Serret, Hamoir, Duquesne et Cie, dont M. Dubrunfaut était alors un des co-gérants, que ce savant, remarquable par son talent à mettre la science au service de l'industrie, appliqua ses perfectionnements à la *rectification* des alcools, et procura aux distillateurs de mélasse, à la France, une source de richesse nouvelle, en retirant d'un résidu jusque-là rejeté comme sans valeur, la potasse, alcali pour lequel nous étions tributaires de l'étranger.

L'arrondissement de Valenciennes doit, avec justice, reporter sur M. Dubrunfaut une part de ses succès industriels. Ses publications, ses conseils, son exemple, ont marqué le progrès dans le travail de la betterave ; son nom ne reste pas moins attaché à l'histoire du sucre qu'à celle de l'alcool. C'est à sa voix, c'est à la confiance qu'il inspire que les distilleries de betteraves se sont ouvertes si nombreuses et si importantes dans le Nord. Sans son appui, il est incontestable que peu de nos fabricants de sucre se seraient improvisés distillateurs.

. Ce n'est pas que la distillation de la betterave n'ait jamais été pratiquée chez nous. M. Dubrunfaut, en 1825, s'était chargé de faire pressentir la possibilité de cette opération et ses avantages ; M. Victor Crépin, M. Douay-Lesens, M. Lalenne-Delgrange, M. Cheval, l'avaient, à différentes époques, entreprise. En 1852, MM. Serret, Hamoir, Duquesne et Cie, dont l'approvisionnement en betteraves sèches est permanent, reconnurent plus profitable à leurs intérêts d'en extraire l'alcool que le sucre. Les cours commerciaux de ces produits commandaient cette détermination ; s'appuyant sur l'expérience qu'ils avaient acquise, ces habiles industriels surent faire servir alors leurs cossettes à la fabrication de l'alcool, comme ils continuent à le faire aujourd'hui : une production de 12,000 litres par journée de travail de 24 heures, continuée durant toute l'année, justifie le mérite de la méthode qu'ils ont admise. Une grande surveillance, des soins de détail ont permis d'obtenir de l'alcool *bon goût*, avec la cossette, malgré les difficultés inhérentes à cette fabrication.

A la même époque, à la fin de 1852, M. Dubrunfaut appliquait à la betterave verte, dans le département de Saône-et-Loire, des procédés pour lesquels il s'est fait breveter. Parmi nous, trois fabricants de sucre, suivant ses conseils, transformèrent, en 1853-54, leurs usines en distilleries.

Après cette campagne le cours des alcools, toujours largement rémunérateur, obligea les fabricants de sucre à se préoccuper de l'avenir. Les circonstances paraissaient leur offrir une occasion de gros bénéfices, mais une question plus grave les touchait davantage, une question d'existence. Protégés par une plus large marge, les distillateurs pouvaient mettre à la betterave un prix inacceptable par la sucrerie. L'hésitation fut grande, elle s'accrut encore par l'annonce d'un procédé nouveau devant procurer un plus fort rendement de la betterave en alcool, et par les éloges anticipés accordés à un nouvel appareil de rectification continue ne permettant plus la production que *d'alcool bon goût*. Trop peu confiants dans leurs propres forces, et désireux de marcher sous une direction éclairée, les industriels mirent en balance de brillantes espérances avec des faits acquis ; moitié de ceux qui se firent distillateurs réclamèrent le patronage de M. Dubrunfaut ; les autres eurent foi dans les innovations, le succès ne répondit pas à leur attente.

La position embarrassée de ces derniers s'accrut par le décret inattendu du 22 septembre 1854, qui, réduisant le droit sur les alcools étrangers à 15 fr. par hectolitre, fit descendre rapidement le cours des *esprits*.

Leur intelligence, leurs ressources les ont soutenus ; mais la plupart n'ont rencontré que déception là où ils espéraient réaliser des bénéfices exceptionnels. Comptant produire une qualité commercialement acceptable, ils se lièrent par des marchés à livrer qu'ils croyaient avantageux ; l'alcool expédié, conserva

un léger bouquet originel qui servit de prétexte à des refus ;
il fallut racheter en remplacement à un taux supérieur au prix
de vente. Il est impossible de préjuger l'avenir, tant les éléments de cette question sont complexes ; mais, témoins de ces
déboires, nous restons convaincus que la protection n'est pas
moins nécessaire au développement des industries naissantes
que la concurrence ne se montre profitable aux progrès des
industries développées.

Laissant de côté les intérêts particuliers des producteurs,
nous pouvons montrer que l'arrondissement de Valenciennes
a cependant fourni son contingent d'alcool à la consommation
générale. Le tableau suivant, que M. Gréterin a bien voulu
faire établir pour le Comité local, fait ressortir tout à la fois
l'énorme accroissement de la production des alcools chez nous
et l'importance des droits perçus sur cette fabrication.

(Voir le tableau ci-après.)

ARRONDISSEMENT DE VALENCIENNES.

FABRICATION DES ALCOOLS.

DÉSIGNATION des ANNÉES.	NOMBRE DE DISTILLATEURS DE		QUANTITÉS FABRIQUÉES EN ALCOOL PUR.		DROITS QUE CES QUANTITÉS REPRÉSENTENT		
	Grains.	Mélasses, Jus, Cossettes.	Grains.	Mélasses, Jus, Cossettes etc.	en Principal.	Décime.	Total.
					fr. c.	fr. c.	fr. c.
1852	18	5	2,209 59	27,345 58	1,004,875 78	100,487 58	1,105,363 36
1853	19	4	3,804 53	33,649 49	1,273,436 68	127,343 67	1,400,780 35
1854	20	15	4,395 90	62,137 81	2,262,156 14	226,215 62	2,488,371 76

La consommation de la France en *esprits 3/6* est estimée à 120,000 pipes de 625 litres environ chacune ; l'arrondissement en a livré en 1854, d'après ces chiffres, plus de 12,000. C'est au cours de la Bourse de Paris une valeur de plus de *onze millions de francs* et pour l'État de près de *deux millions et demi* de droits.

GROUPE DES DISTILLATEURS DE L'ARRONDISSEMENT DE VALENCIENNES.

MM. les distillateurs de l'arrondissement de Valenciennes ont cédé aux sollicitations du Comité local.

ILS EXPOSENT EN GROUPE :

Jus de betterave fermenté.

Phlegmes et Alcools de betterave extra-fins, fins et de mauvais goût.

Tout ce que nous avons établi dans les considérations générales sur cette Classe étant exclusivement applicable à l'ensemble des distilleries, nous n'avons à citer ici que les noms des industriels qu'aucune méthode particulière de travail ne signale isolément à l'attention du jury.

Ce sont MM. (1)

BAILLET,	distillateur à	*Denain.*
BRACQ ET Cie,	—	*Vendegies.*
COEZ frères,	—	*Abscon.*
DESLINSEL,	—	*Denain.*
DUREL ET Cie,	—	*Estreux.*
GOUVION-DEROY,	—	*Denain.*
HARPIGNIES-DELANNOY ET Cie,	—	*Crespin.*
LEROY,	—	*Marquette.*
LÉQUIPART ET CHERMISET,	—	*Thiant.*
MOREAU ET Cie,	—	*St-Saulve.*
NOEL ET Cie,	—	*Onnaing.*
STIÉVENART ET Cie,	—	*Curgies.*

---

(1) Cette énumération des distillateurs de l'arrondissement n'est pas complète. Le Comité n'a pu y comprendre que ceux qui se sont fait inscrire comme exposants ou ceux dont l'inscription a été faite par les soins du Comité des Fabricants de sucre et d'alcool de l'arrondissement.

MM. CASTIAU ET Cⁱᵉ, fabricants de sucre et distillateurs à *Vieux-Condé.*

EXPOSENT :

Alcools de betteraves et de mélasses purifiés par un procédé nouveau.

Le Comité de l'arrondissement de Valenciennes n'a pas été mis en position de s'assurer si la qualité des alçools de M. CASTIAU était attribuable à un procédé particulier d'épuration, plutôt qu'à des soins minutieux, ou au nombre des appareils de rectification qu'il emploie, relativement à sa production ; mais il se plaît à reconnaître que MM. Castiau et Cⁱᵉ livrent à la consommation des alcools fins de goût et recherchés.

SUCRERIES ET DISTILLERIES DU NORD.

MM. SERRET, HAMOIR, DUQUESNE ET Cⁱᵉ à *Valenciennes.*

EXPOSENT :

Betteraves desséchées dites Cossettes.

Sucres.

Alcools.

Mélasses.

Salins.

Potasse à 69 degrés alcalimétriques.

Sel Soude à 90 degrés alcalimétriques.

Sulfate et Muriate de potasse.

Carbonate de potasse pur.

Résidus pour engrais.

L'établissement de **MM. SERRET , HAMOIR , DUQUESNE ET Cⁱᵉ** est digne à tous égards de fixer l'attention sérieuse du jury international.

De la betterave enlevée à la terre, cette fabrique retire tous les produits utilisables industriellement, sucre, mélasse, alcool, huile empyreumatique, potasse, soude et leurs sels, et rend à la terre, à l'état d'engrais, le résidu final de tout son travail.

A l'attrait qui résulte de cet ensemble satisfaisant d'opérations, de cette succession de produits dérivés d'une même origine, viennent s'ajouter plusieurs circonstances dont une seule suffisait à la Commission impériale pour justifier l'admission :

Importance de la production, nouveauté, supériorité d'exécution.

L'importance peut aussi bien se déduire de la quantité de bâtiments et d'appareils au service des opérations manufacturières, aussi bien de la quantité de matières premières que de celle des produits obtenus ou de leur valeur. Indépendamment de la vaste sucrerie de Marly, de la distillerie, et des ateliers d'alcalis de Valenciennes, 6 tourailles appartenant à la Société et propres à sécher ensemble 33 millions de kᵒˢ de betteraves vertes existent, dans l'Oise à Villeneuve et à Crepy, dans le Nord à Marly, Wallers, Escarmain et à Vieux-Condé. Depuis l'exposition de Londres, trente petites sècheries, disséminées dans les arrondissements de Cambrai, d'Avesnes et de Valenciennes, établies par des cultivateurs, avec autorisations spéciales, ont livré obligatoirement leurs produits à **MM. Serret, Hamoir, Duquesne et Cⁱᵉ**. 40 millions de kᵒˢ de betteraves converties en cossettes sont venus de cette source en 1854-1855. Enfin, 16 millions ont été repris à des fabriques qui opéraient également sur la betterave sèche, par arrangement avec la Société, ce qui porte ensemble à 89 millions de kᵒˢ de betteraves vertes (récolte d'environ 2,250 hectares de terre) la quantité de matières premières reçues dans la campagne dernière.

Le cours élevé des alcools a fait renoncer, cette année, à la fabrication du sucre. Cet énorme approvisionnement livré à la distillerie conduira à une production d'au moins 6,000 pipes d'alcool, ou 38,000 hectolitres environ. D'un autre côté, il sort annuellement de cette usine en sels alcalins

Carbonate de soude .... 200,000 kilog.
id.   de potasse.......... 500,000 —
Chlorure de potassium.......... 250,000 —
Sulfate de potasse.............. 30,000 —

produits dont la valeur totale peut être portée à 6 millions de francs.

La plupart des opérations manufacturières de la Société sont ou ont été des innovations propres. La conservation de la betterave par la dessiccation est une importation d'Allemagne.

L'appareil en vases clos, dans lequel s'opère l'épuisement méthodique des cossettes pour arriver au travail du sucre, est un système particulier, garanti à la Société par un brevet. La production de l'alcool par la betterave sèche est une opération que MM. Serret, Hamoir, Duquesne et Cie, seuls, ont réalisé jusqu'ici d'une manière continue. La distillation des mélasses, l'extraction des salins de leurs vinasses ont été introduites chez eux par M. Dubrunfaut. Le mérite du dédoublement de ces salins impurs en potasse leur est attribuable. Il fallait bien que ces spécialités fussent reconnues pour déterminer M. Herbet, directeur de l'usine monumentale de Bourdon, à calquer son matériel et son travail sur ceux de Valenciennes.

La qualité des produits alcalins à singulièrement progressé depuis l'Exposition dernière. Les soudes à 90° sont couramment produites, les potasses presque chimiquement pures sont régulièrement obtenues. Enfin, ces produits ont atteint un degré de pureté inespéré en manufacture.

Les alcools, notés en première marque dans les entrepôts, aussi longtemps qu'ils résultèrent de la fermentation des mélasses, ont laissé quelquefois à désirer au début du travail des cossettes. C'est un mérite de plus pour les directeurs d'être parvenus à écarter de leurs produits l'odeur toujours plus ou moins désagréable attachée à leurs matières premières.

MM. Serret, Hamoir, Duquesne et Cie ont obtenu une médaille d'or en 1849, une grande médaille à l'Exposition universelle de Londres. A la suite de ce concours, l'un des gérants, M. Duquesne, a reçu de la France, la décoration de la Légion d'honneur.

Ces titres antérieurs sont d'honorables témoignages de leurs mérites.

CHICORÉE.

5e Section. — L'industrie du café-chicorée, importée de Hollande en France, en 1798, par Giraud-Fromont à Onnaing-lez-Valenciennes, est, comme toutes celles qui ont arrêté notre attention dans cette Classe, une industrie tout à fait agricole. Longtemps réservée à notre arrondissement elle s'est considérablement propagée au dehors depuis quelques années.

La culture de la chicorée a diversement été appréciée par les agronomes. Autrefois redoutée, on la recherche aujourd'hui comme toutes celles des plantes sarclées. Moins répandue que la betterave, la chicorée sert l'agriculture presque aux mêmes titres qu'elle : elle veut des labours profonds, des sarclages fréquents, elle laisse il est vrai à l'exploitation moins de résidus utilisables mais elle n'exige pas autant d'engrais. Comme la betterave, elle donne du travail dans les campagnes pendant la mauvaise saison ; les agriculteurs se chargent en effet des soins de sa dessiccation. La racine coupée à la main, en morceaux d'un petit volume et de trois à quatre centimètres de longueur, est séchée sur des tourailles et livrée aux fabricants sous le nom de *Cossettes.*

Ces cossettes sont torréfiées dans des cylindres en tôle, moulues, puis exposées à l'air humide pour en développer l'arôme. Le café-chicorée ainsi obtenu s'appelle *chicorée grasse.* Les exigences des consommateurs ont obligé la plupart des fabricants à faire passer la poudre sortant du moulin sur un blutoir garni de tissus de moins en moins serrés pour obtenir des grains de différentes grosseurs, auxquels le commerce a donné des dénominations particulières et souvent ridicules.

Les racines de chicorée n'étant que frottées et non lavées par les cultivateurs avant la dessiccation, conservaient un peu de terre adhérente qu'elles portaient nécessairement dans les produits de la torréfaction. Cette impureté devenait plus grande pour la poudre, où elle se concentrait presque tout entière, lorsque le tamisage était pratiqué.

L'ignorance et la mauvaise foi perpétuaient un abus regrettable. La sollicitude du gouvernement pour tout ce qui touche à l'alimentation humaine a restreint dans d'étroites limites cette altération accidentelle, limites si étroites que les soins les plus minutieux sont devenus nécessaires. Les fabricants consciencieux ne rencontrent plus qu'une concurrence loyale, les prix s'élèvent mais la qualité ne laisse plus rien à désirer.

Le nombre de trente-sept producteurs de café-chicorée que renferme l'arrondissement de Valenciennes, les fabriques importantes disséminées dans le Nord, sur différents points de la France et à l'étranger, prouvent la vogue qui s'attache à cette substance alimentaire. L'habitude en a fait pour beaucoup de familles un accessoire obligé du café, la population ouvrière l'emploie comme un succédané d'autant plus recherché que le prix la favorise, et que son goût lui vaut la préférence lorsqu'on la compare aux cafés de basse qualité fournis par le commerce de détail.

L'industrie de la chicorée est une industrie importante pour l'arrondissement de Valenciennes; nous regrettons de n'avoir pu estimer son chiffre d'affaires. Un seul exposant a été admis par le Comité local à présenter ses produits à l'Exposition universelle.

M. BÉLANGER (CHARLES), fabricant de chicorée à *Fresnes*.

EXPOSE :

Racines de Chicorée de diverses provenances.

Chicorée torréfiée de diverses espèces.

M. BÉLANGER, ingénieur civil, ancien élève de lE'cole centrale des arts et manufactures, a créé une fabrique de chicorée au moment où l'application de circulaires ministérielles justes et sévères conduisaient devant les tribunaux les fabricants négligents, ignorants ou falsificateurs dont les produits avaient au moins le défaut de retenir la terre adhérente aux racines. **M.** Bélanger, d'une instruction bien supérieure à l'exercice d'une industrie aussi facile, n'a pas eu de peine sans doute à donner à ses produits une qualité et une pureté obligatoires aujourd'hui pour tous les fabricants.

Le Comité de Valenciennes voit avec plaisir figurer à l'Exposition les produits d'une industrie locale qui concourt au développement et à la prospérité de son agriculture.

CLASSE XII.

HYGIÈNE, PHARMACIE, MÉDECINE ET CHIRURGIE.

5ᵉ *Section*. — BOSSUT (Henri), bandagiste à *Valenciennes*.

Expose :

Bandage herniaire.

M. Henri Bossut s'occupe depuis longtemps du commerce et de la fabrication des bandages. Ne se livrant jusqu'ici qu'à la vente de détail, il a pu cependant atteindre dans cette spécialité un chiffre d'affaires de 8,000 francs.

L'application des appareils herniaires aux nombreux ouvriers du pays lui a fait reconnaître des défauts de solidité et de construction dans les systèmes ordinaires.

Il s'est fait récemment breveter pour un bandage à doubles ressorts concentriques indépendants l'un de l'autre, embrassant la circonférence du bassin et qui joint à l'avantage d'une excellente confection une notable diminution dans son prix.

CLASSE XIV.

CONSTRUCTIONS CIVILES.

Les constructions n'offrent rien de particulier à l'arrondissement de Valenciennes. Elles se font solidement, avec goût.

Presque tous les matériaux qui y concourent proviennent du territoire. Une pierre blanche calcaire, tendre, d'une taille conséquemment facile, connue dans le pays sous le nom de *blanc* s'extrait en blocs par puits et galeries à Avesnes-le-Sec, à Hordain, à Estreux, etc, (1). Les éminences de Famars, de Quérénaing, d'Artres, recèlent des amas de grès activement exploités ; les arrondissements de Douai et de Cambrai sont cependant plus riches que le nôtre sous ce rapport. Le sol se montre presque partout propre à la confection de briques, rouges après la cuisson, que l'on peut facilement obtenir sur place au prix de 8 à 12 fr. le mille. La brique est la base de nos constructions ; un mortier formé par le sable et la chaux lui sert de lien. Le sable est commun dans l'arrondissement, les fours à chaux y sont nombreux, l'agriculture entretient leur activité. La pierre blanche calcinée rend une chaux assez grasse d'excellente qualité ; l'arrondissement d'Avesnes, quelques communes sur la frontière de Belgique, Blaton, Tournay exploitent, à ciel ouvert, le calcaire carbonifère (dit pierre bleue) que l'on introduit dans les constructions ; les débris de cette pierre et les schistes qui l'avoisinent fournissent une chaux hydraulique très-estimée.

On compte dans l'arrondissement une fabrique de ciment hydraulique, plusieurs fabriques de tuiles, de carreaux et de pannes une fabrique de carreaux vernissés pour l'assainissement des habitations, six ateliers de marbrerie où s'opère le sciage, le travail et le polissage de marbres de toute origine, mais surtout des environs d'Avesnes.

---

(1) On reconnaît à ces pierres des qualités bien distinctes suivant leur origine. Celle d'Avesnes-le-Sec, du banc du fond d'Hordain sont les plus dures. Nous savons qu'autrefois on les exportait jusqu'en Hollande ; aujourd'hui la Belgique nous en enlève encore pour la sculpture, tant elles se prêtent convenablement à l'exécution des statues et des groupes.

Le fer, la fonte tendent de jour en jour à tenir dans nos constructions une place plus importante, les fondeurs se chargent de procurer à l'architecture les ornements les plus délicats; le mode d'assemblage du fer et de la fonte imaginé par M. Grebel, le prix des pièces qu'il obtient devront servir ces tendances.

Les approvisionnements de bois, les ateliers de menuiserie pour le mettre en œuvre, la serrurerie, la production des verres à vitres subviennent à tous les besoins de nos constructions.

Lorsqu'on arrive à l'ornementation, on trouve dans l'arrondissement un concours de talents et d'aptitude vraiment exceptionnels. Les cours publics de nos Académies de dessin, d'architecture et de sculpture surtout, forment, pour tous les états, des hommes habiles, supérieurs presque toujours par leur savoirfaire à la profession qu'ils exercent. Nos peintres, nos tailleurs de pierre, nos charpentiers, nos ébénistes justifient cette réputation dans tous leurs travaux.

Le Comité a admis :

Dans la 1re Section :

MM. MILLARDET Frères, marbriers à *Valenciennes.*

Dans la 2e Section :

MM. A. GREBEL et Cie, fondeurs en fer, à *Denain.*

Dans la 10e Section :

MM. VANCAUWELAERT, WAGRET et Cie, à *Escaupont.*

MORIN et Cie, à *Valenciennes.*

1re Section. — MM. MILLARDET frères, à *Valenciennes.*

Exposent :

Tableau d'échantillons de marbres de France et de pays étrangers.

MM. Millardet frères, négociants en marbre à Paris depuis 1825, ont créé nouvellement à Valenciennes un atelier pour le travail des marbres. La scierie mécanique, qu'ils y ont établie, a pour moteur une machine à vapeur de la force de 15 chevaux. La valeur des produits fabriqués annuellement est de cent mille francs. 15 ouvriers et 10 femmes sont occupés au polissage. C'est une usine bien disposée, de nature à recevoir des développements.

2° Section. — **MM. A. GREBEL** et **Cie**, fondeurs en fer à *Denain.*

Exposent comme inventeurs et comme producteurs :

Poutres, Poutrelles, Chassis de fenêtres, Roues de voitures et de wagons, en fonte de fer et fer forgé; Appareil pour le coulage de la fonte en coquilles.

Ce qui distingue particulièrement l'établissement de **MM.** Grebel et Cie, c'est la réalisation d'une idée qui nous a paru nouvelle et heureuse, celle de former les assemblages des ouvrages en fer, par la fonte, adroitement moulée en coquilles sur les joints.

Les nombreuses applications que **M.** Grebel a faites de ses procédés, aux roues de voitures, de wagons, aux instruments agricoles, aux pièces de construction, poutres, chassis de fenêtres, etc. rendent de véritables services par l'économie qu'elles permettent. Plusieurs sociétés agricoles ont récompensé par des médailles la présentation d'instruments de **MM.** Grebel et Cie.

Le Comité de Valenciennes a admis d'autant plus volontiers les produits de **M.** Grebel et la machine ingénieuse à l'aide de laquelle il les obtient, qu'ils n'ont jamais figuré à aucune Exposition, et qu'à leur nouveauté s'ajoute l'importance de leur fabrication. Cette usine, fondée en 1847, pour fonderie en deuxième fusion, a pris un développement tel qu'elle occupe 180 ouvriers, et qu'elle atteint un chiffre d'affaires de 550,000 francs.

10.

10ᵉ Section. — MM. VANCAUWELAERT, WAGRET ET Cⁱᵉ, maîtres de verreries à Escaupont (admis pour bouteilles et verres à vitres dans la Classe XVIII).

EXPOSENT :

Modèles d'Habitations d'ouvriers.

MM. VANCAUWELAERT, WAGRET et Cⁱᵉ, dans leur sollicitude pour le bien - être des ouvriers qu'ils occupent, affectent une partie des bénéfices de la fabrication des verres à la construction d'une cité ouvrière, dont la moitié, comprenant cinquante logements, est aujourd'hui achevée et habitée. La première pierre en a été posée le 1ᵉʳ juin 1851. Voici la description qu'en fait M. Wagret :

« Les bâtiments dont les dépenses s'élèvent à 112,000 fr. se composent : 1º D'un grand corps, au centre, consacré à l'usage d'écoles de filles et garçons, et des cours et répétitions de la musique composée de tous ouvriers ;

» 2º Six logements avec une boutique et deux chambres au rez-de-chaussée, et trois chambres à l'étage, au loyer de 15 fr. par mois ;

» 3º Vingt-deux logements à quatre places, dont deux au rez-de-chaussée et deux à l'étage, corridors en bas et en haut, balcon, au loyer de 12 fr. par mois ;

» 4º Deux logements composés de deux chambres et un corridor au rez-de-chaussée, une chambre à l'étage, au loyer de 11 fr. par mois ;

» 5º Deux logements composés d'une chambre au rez-de-chaussée, d'une à l'étage, entrée par les cours, au loyer de 8 fr. par mois ;

» 6º Seize logements, dont huit avec entrée sur le devant, une chambre au rez-de-chaussée devant, une chambre en haut derrière ; huit avec entrée par les cours, une chambre au rez-de-chaussée derrière, une chambre en haut devant. Les premiers, au loyer de 8 fr. 50 c., les autres à celui de 7 fr. 50 c.;

» 7° Deux logements composés de deux chambres au rez-dè-chaussée et d'une mansarde au loyer de 10 fr.

» Tous ces logements ont un grenier, cave, jardin de 180 mètres carrés de superficie, lieux d'aisances séparés, une issue sur les cours de derrière, et jouissent en commun des fours à cuire le pain, salles de bains, lavoirs, pompes à eau de source et de pluie, et curoirs.

» Le chauffage leur est aussi donné par les établissements.

» Les loyers précités, basés sur un intérêt de 3 $\frac{1}{2}$ pour % après déduction des frais de contributions et d'entretien ou répara-tions, donnent des logements qui, en dehors des avantages que ne pouvaient procurer ceux de la commune, sont maintenant, comparativement à leur importance, d'un tiers moins cher que ces derniers. »

La réunion de ces habitations offre, par une heureuse dispo-sition, un aspect agréable ; l'emplacement en est convenablement choisi, sur un terrain découvert, conséquemment bien aéré, et à proximité de l'usine. On rencontre dans d'autres parties de l'ar-rondissement beaucoup de maisons d'ouvriers, notamment de mineurs, qui, au point de vue de l'hygiène et de la commodité intérieure, ne laissent non plus rien à désirer : mais qui ne pré-sentent pas généralement cette élégance d'architecture, obtenue sans exagération de prix de construction.

C'est à M. Isidore Wagret, gérant de cet établissement, que le conseil de surveillance attribue l'honneur de l'initiative de cette organisation.

MM. A. MORIN ET Cie, représentés par M. MOTTE, à *Valenciennes*.

EXPOSENT :

Modèles de Constructions hydrofuges.

L'assèchement des habitations humides a de tous temps préoccupé les hommes qui portent surtout intérêt à la santé de l'ouvrier et du pauvre ; le luxe lui-même n'est pas à l'abri des dégâts occasionnés par les murailles salpétrées. C'est cette question d'hygiène et d'intérêt général, qui rentrait à ce point de vue dans la Classe XII, que MM. Morin et Cⁱᵉ ont abordée.

Leur procédé breveté a quelque analogie avec celui que M. Duval a présenté à une des Expositions antérieures. Il consiste à établir, à trois ou quatre centimètres du mur humide, une cloison formée de carreaux ou plaques en terre cuite, recouverts d'un enduit imperméable, reliés entre eux par un ciment impénétrable à l'eau et soutenus par des pattes en fer rendues inoxydables. Des courants d'air habilement ménagés lèchent sans cesse la paroi humide et l'assainissent à quelque distance même des parties qui ne sont pas recouvertes par la cloison préservatrice.

MM. Morin et Cⁱᵉ préparent dans l'arrondissement de Valenciennes les dalles ou carreaux qu'ils emploient ; leur procédé, expérimenté authentiquement à l'Hospice des orphelins à Valenciennes, a répondu aux espérances qu'il faisait concevoir. Les hommes spéciaux lui ont donné leur approbation.

Le Comité local a vu dans ces titres des motifs d'admission bien justifiés.

CLASSE XV.

INDUSTRIE DES ACIERS BRUTS ET OUVRÉS.

La fabrication de l'acier n'est entretenue jusqu'ici dans l'arrondissement de Valenciennes que par des industriels qui font emploi de celui qu'ils produisent. Deux maisons, l'une à Saint-Amand, l'autre à Vieux-Condé, possèdent des fours de cémentation ; l'acier qui en sort y est converti en limes et en râpes.

Tous les outils tranchants appropriés aux habitudes de la population, les faulx, les marteaux à tailler les meules de moulin, les lames de râpes à betterave, sont fabriqués dans le pays.

La coutellerie est l'objet d'une production restreinte, mais ses ouvrages sont assez soigneusement faits ; les difficultés d'exécution des instruments de chirurgie n'arrêtent pas les chefs de ces ateliers.

CHAPPUIS, fabricant d'instruments tranchants à *Hasnon-lez-Valenciennes*.

Expose :

Série d'Outils en acier principalement à l'usage des tanneurs.

M. Chappuis est un ouvrier habile, laborieux, qui produit, avec deux aides, des outils justement estimés, spéciaux à quelques industries locales.

CLASSE XVI.

FABRICATION DES OUVRAGES EN MÉTAUX D'UN TRAVAIL ORDINAIRE.

Nous avons eu déjà l'occasion de mentionner quelques-uns des ateliers où se fait l'élaboration du fer. Ils sont ici assez nombreux, assez importants.

Le moulage en deuxième fusion occupe plusieurs fonderies. Les unes se chargent spécialement de la coulée des pièces de grande dimension pour machines, les autres s'attachent plutôt à produire de menus objets de décoration et d'ornement. MM. Cauvez frères ont ajouté récemment à leur réputation de fondeurs expérimentés en exécutant, en dehors de leurs travaux ordinaires, la coulée d'un seul jet d'une statue en bronze qui consacre le talent d'un sculpteur consciencieux, M. Grandfils, et devient en même temps une œuvre toute valenciennoise.

Les ateliers de grosse chaudronnerie s'emparent de la tôle qui sort de nos forges et la façonnent de mille manières. Les tenders, les chaudières de locomotives, les générateurs de vapeur, les ponts, les viaducs pour les chemins de fer emploient les masses les plus considérables. La fabrication des tubes pour sondage, pour l'aérage des mines, celle des formes à sucre servent aussi d'aliment de travail à plusieurs établissements.

Le zincage du fer s'exécute à Saint-Saulve par les soins de MM. Museur et Cⁱᵉ.

MM. Leclercq, de Trith, MM. de Belleperche et Cⁱᵉ, à Valenciennes, ont récemment introduit des tréfileries dans leurs usines. Les fils de fer qu'ils produisent sont principalement destinés à la fabrication des pointes.

MM. Cail et Cⁱᵉ se chargent à Denain du forgeage des pièces les plus volumineuses.

Les articles de clouterie et de quincaillerie comptent parmi nous de nombreux producteurs. MM. Dervaux, Van Kalck, Dumont, Courtin et Sagot, Plichon, Dorémieux, Naveteur, plusieurs autres encore ne fabriquent pas ensemble pour moins de *deux millions* de francs de clous à chaud, rivets, boulons et chevilles de chemins de fer. Les clous à chaud s'exportent aux colonies dans des proportions notables.

MM. Dorémieux, M. Plichon, MM. Flouquet et Corman et M. Dumont ajoutent à cette fabrication celle des chaînes de toutes sortes, et de câbles pour la marine. Le choix des fers, tous originaires du pays, les soins qu'on apporte au travail ont mis ces établissements en position de lutter avec ceux de l'ouest, du centre et du midi de la France. La valeur de cette production atteint presque *un million* de francs.

L'industrie des clous à froid, par procédé mécanique, existe dans cet arrondissement depuis vingt-cinq ans; celle des chevilles pour bottes, à froid, y a été créée et y a pris un grand développement. Depuis sept à huit ans, grâce à l'initiative de M. Lewille, on y fabrique un nouveau genre de clous de souliers, dits *grosses têtes et tiges fines*, au moyen de fers spéciaux laminés dans le pays. Les rivets pour la poêlerie sont aussi obtenus par moyens mécaniques. MM. de Belleperche et Cⁱᵉ, Sirot-Wagret,

Fontaine, Canu et Cie, Laplace frères, Dumont, Fosse font ensemble environ pour 900,000 fr. de ces produits. Les clous à monter, en acier, pour cordonniers, rentrent dans la spécialité de deux de ces établissements.

Nous avons déjà cité nos fabriques de tissus métalliques.

Valenciennes avait, sous la domination espagnole, avant 1677, une fonderie de bronzes et de canons. Les fondeurs qui ont remplacé cette manufacture dans le travail des alliages du cuivre sont aujourd'hui presque uniquement occupés à desservir les fabriques qui les avoisinent.

La chaudronnerie en cuivre a de tout temps existé pour les besoins des brasseries; son extension considérable n'a pas cependant été au delà des progrès généraux de l'industrie locale.

La plupart des ateliers où se travaille le fer, étaient ignorés dans l'arrondissement il y a quarante ans (1). Leur développement ne date que de quelques années ; leur importance actuelle a autorisé les admissions suivantes :

MM. DUMONT, propriétaire de clouteries à *Raismes*.

    FONTAINE, CANU ET Cie, fabricants de clous à froid à *Trith-St-Léger*.

    MUSEUR ET Cie, fabricants de tôle galvanisée à *St-Saulve*.

    Veuve PLICHON, fabricant de chaînes et de câbles en fer à *St-Amand*.

    SIROT-WAGRET, fabricant de chevilles et de clous à monter à *Trith-St-Léger*.

    VAN KALCK ET Cie, fabricants de chevilles, boulons et rivets pour chemins de fer à *Marly*.

---

(1) La tradition seule rappelait l'état, naguère si florissant, des clouteries de Marly, fondées en 1756.

M. DUMONT, de Ferrière-la-Grande, propriétaire des clouteries de *Raismes*.

Expose :

Articles de Clouteries et Chaînes-câbles en fer pour constructions navales, armements et pour chemins de fer.

Les clouteries de Raismes occupent environ 200 ouvriers et produisent annuellement pour 400,000 fr. de clous, chaînes, rivets, etc. M. Ledieu, qui les régit, est parvenu par une administration sage à soutenir au loin la concurrence de prix, et à continuer ses envois à Nantes et même à Bordeaux.

Malgré l'importance de cet établissement, la date ancienne de sa fondation (1814) et la qualité irréprochable de ses fers, jamais on n'a vu ses produits à une Exposition antérieure. Le Comité de Valenciennes a pensé qu'ils seraient remarqués.

MM. P. FONTAINE, CANU et Cie, fabricants de clous à *Trith-St-Léger, lez-Valenciennes*.

Exposent :

Chevilles en fer et en cuivre pour chaussures sans coutures ;

Rivets ;

Clous mécaniques à froid ;

Et Clous à monter, en acier, pour cordonniers.

Cet établissement, de récente fondation, livre à la consommation des produits estimés. Ils se répandent dans toute la France et dans l'Algérie. Leur valeur s'élève à 150,000 fr. par année. Les métiers particuliers qui y fonctionnent agissent avec une grande célérité et contribuent à la perfection du travail.

MM. MUSEUR ET **Cⁱᵉ**, à *St-Saulve, lez-Valenciennes.*

Exposent :

Une Cuve-matière pour la brasserie avec son faux-fond en tôle galvanisée.

MM. Museur, établis à Wasmes (Belgique) depuis 1848, ont importé leur industrie à St-Saulve dans le mois d'avril 1854. Ils occupent dans cette dernière résidence 20 ouvriers.

Cette usine est la seule dans l'arrondissement qui se livre au zincage du fer ; elle y rendra des services aux fabriques et aux raffineries de sucre , comme elle en rend déjà à nos houillères en leur fournissant les tubes en tôle galvanisée pour l'aérage des mines.

Mᵐᵉ veuve PLICHON, à *St-Amand-les-Eaux.*

Expose :

Chaînes-câbles en fer.

M. Alexandre Plichon dirige la fabrication des clous, chaînes et chaînes-câbles sous le nom de **Mᵐᵉ veuve Plichon**, sa mère. Cette maison s'est occupée, la première dans le Nord, il y a vingt-huit ans, de la production de chaînes-câbles pour la marine. Une réunion de circonstances favorables , principalement l'économie de main-d'œuvre, a permis d'habituer les navires de commerce à s'en approvisionner en France.

Cette fabrication, aujourd'hui assez répandue , occupe à St-Amand un grand nombre d'ouvriers.

M. SIROT-WAGRET, fabricant de clous et chevilles, à *Trith-St-Léger.*

Expose :

Chevilles en fer et en cuivre pour chaussures ;

Clous en acier pour cordonniers ;

Fers laminés.

La maison Sirot est la plus ancienne fabrique de clous à froid du pays ; elle a obtenu une médaille de bronze à l'Exposition nationale de 1844, une autre à celle de 1849, elle a été mentionnée honorablement aux Expositions universelles de Londres et de New-Yorck.

Sirot père, reconnu par le jury national de 1844 pour un mécanicien habile, a aujourd'hui pour successeur son fils M. Sirot-Wagret.

L'usine de Trith a grandi en importance depuis 1851 : on y compte 200 ouvriers, 4 machines à vapeur d'une force totale de 91 chevaux et 4 générateurs de 200 chevaux. Des forges et laminoirs parfaitement montés préparent le fer pour entretenir 100 métiers à chevilles. C'est à l'aide de ces moyens qu'elle fait annuellement pour 500,000 fr. de chevilles et de clous de toutes espèces.

Les clous à monter en acier pour cordonniers y sont fabriqués par un ingénieux procédé mécanique.

MM. VAN KALCK et Cⁱᵉ, fabricants de chevilles, boulons et rivets, à *Marly, lez-Valenciennes.*

Exposent :

Une Planche des principaux modèles de Chevilles et Rivets pour chemins de fer.

M. Charles Van Kalck dirige à Marly un établissement dont les produits trouvent de faciles débouchés auprès des diverses administrations de chemins de fer, en France. Les noms qui accompagnent les modèles exposés sont une garantie de cette allégation.

La perfection des machines dont M. Van Kalck a le privilége lui permet de transformer annuellement 1,500,000 kilog. de fer en chevilles et rivets à l'aide seulement de 36 ouvriers. C'est à cette particularité qu'il doit de pouvoir livrer à des prix réduits des pièces d'excellente qualité.

MM. Van Kalck et Cⁱᵉ, ont mérité à l'Exposition de 1849, une mention honorable; le Comité de Valenciennes a pensé que leurs produits étaient de nature à consacrer leur réputation et à fixer l'attention du Jury.

CLASSE XVIII.

INDUSTRIES DE LA VERRERIE ET DE LA CÉRAMIQUE.

L'exploitation de la houille dans l'arrondissement de Valenciennes a provoqué la création d'une foule d'établissements dont les produits rentrent dans cette classe. La verrerie, la céramique comptent parmi les arts industriels qui y sont le moins négligés.

Verrerie.

Une verrerie, fondée à Fresnes en 1717, restée seule encore dans le pays en 1789, avait alors augmenté suffisamment le nombre de ses fours pour être en position de fournir une notable quantité de verre à l'exportation. En 1825, Mᵐᵉ veuve Lenglet-Brohon entretenait à Valenciennes une fabrique d'azur brut (de Smalt), la seule peut-être qui ait existé en France. En 1834, l'arrondissement possédait cinq verreries; leur nombre n'avait pas varié en 1844; il s'était élevé à sept en 1848. Le Jury départemental du Nord accusait, en 1844, l'existence de vingt-cinq fours dans le département tout entier; ils n'étaient plus tous en activité en 1849. En 1855, l'arrondissement de Valenciennes peut en citer vingt-trois. Quatorze travaillent en verre à vitre, neuf en bouteilles. On ne fait ni la gobeletterie, ni le cristal, ni les émaux.

Le sable le plus blanc possible, le sulfate de soude de St-Gobain ou de Lille, le carbonate de chaux (spath), tiré soit de l'arrondissement d'Avesnes, soit de la Belgique, le grésil, sont les principales matières premières qui approvisionnent nos fours.

Les verriers de l'arrondissement sont entrés avec quelques succès dans la voie du progrès. Pour le verre à vitre, ils ont abandonné depuis longtemps, comme on l'a fait, du reste, partout en France, le procédé *en plats* ou *en couronne*, que les Anglais conservent ; ils ont adopté le procédé dit *des cylindres* d'une manière exclusive. Ils ont cherché à atteindre au perfectionnement essentiel que réclame cette méthode, à obtenir le verre d'un plus grand éclat, en améliorant les dispositions des fours à étendre. **MM.** Mac Dougall et Segard, maîtres de verrerie à Anzin, ont facilité cette opération par un *étendage à pont mouvant* ; ils l'ont rendue plus rapide et plus économique.

M. Renard, de Fresnes, chez qui a été appliqué pour la première fois l'étendage à la houille, nous a paru avoir fait faire un grand pas à cette partie la plus délicate du travail, en imaginant de soustraire le verre au contact de la fumée : il obtient ce résultat en traçant, par une simple cloison en tôle dans la galerie, une voie séparée aux produits gazeux de la combustion et aux feuilles de verre étendues. Ce mode évite les piqures que la cendre entraînée occasionne souvent et assure un recuit plus régulier et plus parfait.

La qualité des bouteilles, en se reportant à dix ans, ne serait plus comparable ; la constitution du verre est bien entendue, il est également distribué, le recuit est soigné. Les bouteilles destinées à contenir les boissons gazeuses, les eaux de Seltz, le vin de Champagne, sont essayées par une machine de compression ; toutes ces précautions réduisent la casse à un chiffre presque insignifiant. Enfin, le Jury international appréciera la machine de **MM.** Mathieu frères, destinée à remplacer la poitrine humaine pour le soufflage des bouteilles à moule fermé, machine que le Comité local a admis dans la Classe VI. Elle conduirait à une notable économie de main-d'œuvre, enlèverait à l'homme la partie la plus fatigante du travail, si la pratique sanctionnait les espérances qu'elle permet de concevoir. Une modification apportée par les mêmes mécaniciens dans la construction des moules fermés paraît être une utile amélioration de détail.

La production des verres se trouve dans les mains de huit

manufacturiers ; leurs usines sont réparties entre cinq communes
de notre territoire, elles sont situées à Fresnes, Escaupont,
Anzin, Lourches et Neuville. MM. Renard père et fils s'adon-
nent exclusivement à la fabrication des verres à vitre, ils font
à eux seuls la moitié de ce que l'arrondissement livre en ce
genre à la consommation. MM. Houtard et Cⁱᵉ, MM. Equipart,
Gonez et Cⁱᵉ, M. Douai, MM. Deheinzelin père et fils, ne sont
producteurs que de bouteilles. MM. Vancauwelaert, Wagret et
Cⁱᵉ, MM. Duthy, MM. Dac Dougall, Segard et Cⁱᵉ, ont tout à la
fois des fours en verres à vitre et des fours à bouteilles.

La totalité de leur fabrication est estimée, sans exagération,
à 56,000 caisses de verres à vitre et à 9,750,000 bouteilles.

D'après les documents fournis par M. Péligot, dans son rapport au Jury de Londres, la France fabrique annuellement 60
millions de kilogrammes de bouteilles ; au poids de 1 kilog.
l'une, l'arrondissement de Valenciennes fait 9,750,000 kilog. ;
soit en bouteilles seulement à peu près *le sixième* de la fabrication française.

En estimant à 140 kilogrammes le poids moyen de la caisse
de verre à vitre, c'est dans cette espèce de verre une production
de 7,840,000 kilogrammes. Le calcul de sa surface en supposant que tout soit vendu en verre de simple épaisseur montre
que cette quantité couvrirait environ 180 hectares ; ce qui serait précisément le double de la superficie de la ville de Valenciennes en ne comprenant ni la citadelle, ni les faubourgs.

Toute la contrée jusqu'à Paris, la Champagne, Paris même,
le littoral de la France jusqu'à Bordeaux, servent de débouchés
à ces produits. Les verres à vitre, les bouteilles sont également
enlevés pour l'exportation. L'année dernière, une grève, survenue en Angleterre parmi les ouvriers verriers, a obligé des
fabricants à s'adresser à la France et à la Belgique ; des commandes importantes de bouteilles anglaises ont été remplies
dans l'arrondissement de Valenciennes. La grève cessant, les
travaux n'ont repris qu'avec une réduction de salaire qui a
nécessairement fermé pour nous cette source de placement.

Les verreries sont actuellement dans une période de crise
assez difficile à traverser. Le prix sans cesse croissant du char-

bon, la concurrence des établissements naissants, dont l'insuffisance des ressources force la vente à quelque taux que ce soit, le trop-plein que conservent les uns par suite des placements à bas prix que font les autres, ont fait descendre les cours à un prix onéreux pour le producteur. Espérons que ce malaise momentané ne sera pas de longue durée, et que cette industrie intéressante continuera bientôt à suivre la voie prospère dans laquelle elle est entrée.

Céramique.

Parmi les terres cuites, les matériaux de construction, les briques, les tuiles, les pannes, les carreaux, les briques surtout sont l'objet d'une production considérable. Les usines qui s'élèvent de part et d'autre presque sans interruption, la population qui s'accroît et réclame un abri, les réparations courantes donnent aux briqueteries une activité prodigieuse. Les briques réfractaires sont produites par deux fabricants; l'administration des hauts-fourneaux, des forges et laminoirs de Denain et d'Anzin fait faire dans ses établissements toutes celles qui lui sont nécessaires. Les maîtres de verrerie font aussi préparer, sous leur direction, les creusets utiles à leur travail, c'est un accessoire important de leur opération manufacturière. Depuis quelques années, une machine établie à Notre-Dame-au-Bois, près Saint-Amand, prépare les terres et fabrique des tuyaux de drainage à des conditions de prix avantageuses.

Les poteries communes, vernissées au plomb, que leur bas prix fait rechercher malgré les défauts, les dangers mêmes qui s'attachent à leur nature, sont également fabriquées à Valenciennes.

Deux établissements trouvent dans la fabrication des pipes une constante occupation.

La faïence commune, c'est-à-dire celle à couverte opaque stannifère, est façonnée dans deux ateliers, sous toutes les formes utiles aux besoins des ménages.

Enfin, une variété de porcelaine, dont la fabrication avait été abandonnée en France, est entretenue par **M.** de Bettignies, à Saint-Amand-les-Eaux ; nous voulons parler de la porcelaine tendre, dite encore porcelaine artificielle ou porcelaine française; la pâte du *vieux Sèvres* en était le type.

La fabrication de la porcelaine à Saint-Amand remonte à l'époque de la séparation de la Belgique et de la France, époque à laquelle les difficultés commerciales accrues par des droits de douane très-élevés déterminèrent M. de Bettignies, fabricant de porcelaine à Tournai, à se rejeter de l'autre côté des frontières, pour conserver les débouchés que sa maison possédait en France. C'est une spécialité qui a survécu aux tendances de 1804, alors que tous les établissements du même genre renonçaient avec Sèvres, Chantilly, à la porcelaine tendre, pour trouver un travail plus facile, en adoptant une pâte à base de Kaolin, qui donne la porcelaine naturelle ou porcelaine dure.

La fabrication de cette dernière est depuis longtemps abandonnée à Valenciennes; elle y a cependant tenu une place honorable. Nous aimons d'autant plus à mentionner ce fait que Lamoninary, son directeur, paraît avoir été le premier à comprendre la possibilité de la cuisson de la porcelaine à la houille, et à tirer parti des avantages que l'on trouve à conduire les matières premières de Saint-Yrieix et de Limoges vers les mines de houille, plutôt que de transporter le combustible près des carrières de Kaolin. Il suffisait pour cela de reconnaître qu'il ne faut pas moins de sept à huit fois plus de charbon que de terres pour les pâtes dans une fabrique de porcelaine. Lamoninary a, pendant dix années, profité de ces idées heureuses et fécondes ; il occupait 88 ouvriers. C'est à elles qu'il a dû de pouvoir livrer ses produits à moindre prix que les fabriques rivales, en les faisant assez rechercher par leur qualité, pour obtenir des débouchés à Lille, où existait une fabrique du même genre, mais où la cuisson se faisait au bois. D'habiles artistes ajoutaient par leur talent au mérite de la matière : on cite des groupes, des figures, des vases en biscuit, des tasses, des assiettes peintes, conservées comme spécimen de leurs travaux et de leurs succès.

Cette esquisse rapide des industries de la Classe **XVIII**, dans l'arrondissement de Valenciennes, ajoutera aux appréciations individuelles pour justifier, s'il en était besoin, les admissions que le Comité local a prononcées. Ce sont :

Dans la 2ᵉ Section :

MM. RENARD, père et fils, maîtres de verreries à *Fresnes*.

VANCAUWELAERT, WAGRET ᴇᴛ Cⁱᵉ, à *Escaupont*.

Dans la 3ᵉ Section :

MM. Firmin **HOUTARD** ᴇᴛ Cⁱᵉ, à *Lourches, lez-Valenciennes*.

Dans la 9ᵉ Section :

M. Dᴇ **BETTIGNIES** (Maximilien), fabricant de porcelaine à *Saint-Amand-les-Eaux*.

2ᵉ Section. — **MM. RENARD** ᴘÈʀᴇ ᴇᴛ ꜰɪʟs, maîtres de verreries à *Fresnes*.

Exᴘosᴇɴᴛ :

Verre à vitre blanc et demi-blanc.

Ces verreries, spéciales pour la fabrication des verres à vitre, se distinguent par leur ancienneté, par leur importance et par la perfection de leur travail.

Deux fours y existaient déjà en 1710 ; ils ont été l'occasion de recherches de houille qui aboutirent, en 1720, à la découverte de ce précieux combustible à Fresnes et plus tard à Anzin.

Leur importance, qu'aucun établissement du même genre ne surpasse dans le département, se reconnaît à leur production, à leur chiffre d'affaires et à leur personnel. Sept fours de fusion, quatorze fours à étendre, trois cents ouvriers conduisent à une production annuelle de verres à vitre de huit cent mille mètres carrés de surface, dont la valeur peut être portée à un million quatre cent mille francs.

Les débouchés de cette notable quantité de verres à vitre sont : Paris pour la moitié ; les villes voisines, Reims, Rouen et le littoral jusqu'à Bordeaux pour le reste.

Si la qualité des échantillons présentés à l'examen du Jury international pouvait lui faire craindre un choix trop bien fait, il aurait pour contrôle les verres, en double épaisseur, dépolis, qui forment la toiture du Palais de l'Industrie et qui sortent de cette fabrique.

Quelques perfectionnements, dus à MM. RENARD père et fils, ont amélioré, dès 1835, la fabrication des verres. Ce sont eux qui, les premiers dans le Nord, conçurent et réalisèrent l'idée d'étendre le verre à vitre au charbon de terre, alors qu'il s'étendait encore partout au bois.

Ils sont les seuls aujourd'hui à jouir du bénéfice d'un nouveau système d'étendage breveté, dû à M. Renard.

Les avantages de ce système consistent à réduire à trois ou quatre pour cent la casse, qui s'élève à dix et douze par les recuits ordinaires ; à conserver au verre le brillant de ses surfaces, et à en rendre la coupe plus douce et plus facile. Ces améliorations résultent principalement d'une voûte en tôle, qui divise en deux parties la galerie où circulent les chariots sur lesquels sont placées les feuilles de verre étendues, de telle sorte que le verre est à l'abri du contact de la fumée, et se trouve exposé à une température mieux réglée.

L'un des associés, directeur, M. Louis Renard, membre du Conseil général, maire de la commune de Fresnes, est trop habitué à se préoccuper des intérêts généraux, pour avoir négligé de porter sa sollicitude sur les ouvriers de son usine. Les familles ouvrières se perpétuent dans son établissement. Soixante enfants ou apprentis reçoivent gratuitement l'instruction dans une école particulière, dont M. Renard fait les frais.

En 1849, le jury départemental exprimait des regrets en constatant l'abstention de MM. Renard père et fils.

L'Exposition de Londres leur a valu une mention honorable.

Le Comité local signale à la bienveillante attention du Jury international **M.** Louis Renard, le directeur habile de cet établissement, comme un des plus capables et des plus honorables représentants de l'industrie manufacturière de l'arrondissement de Valenciennes.

MM. VANCAUWELAERT, WAGRET et Cie, maîtres de verreries à *Escaupont.*

EXPOSENT :

Bouteilles de toutes formes, Verres à vitre.

La verrerie de **MM.** VANCAUWELAERT, WAGRET ET C^{io} peut être rangée parmi les plus importantes du pays ; elle compte cinq fours de fusion, deux à bouteilles, trois de verres à vitre ; ils peuvent fournir annuellement 12,000 caisses de verres en feuilles et 2,250,000 bouteilles, valeur 7 à 800,000 francs.

C'est surtout par la confection des bouteilles que cette fabrique se distingue. La qualité du verre, l'habileté des ouvriers, les soins donnés au recuit sont les conditions essentielles d'un bon travail ; le directeur veille attentivement à les réunir. Les échantillons reçus comme spécimen d'une fabrication courante seront sans doute appréciés d'une qualité supérieure et d'un prix réduit.

La fondation de cet établissement remonte à 1836, ses produits n'ont jamais été présentés à aucune Exposition ; le Comité local, en les admettant, a pensé qu'ils y figureraient avantageusement.

M. Wagret a encore été admis comme exposant dans la Classe **XIV** pour un modèle de construction d'habitations d'ouvriers.

3° Section. — **MM.** FIRMIN **HOUTARD** ET Cie, à *Lourches, lez-Valenciennes.*

EXPOSENT :

Bouteilles.

Cette verrerie, exclusivement consacrée à la fabrication des bouteilles, a été admise pour ses produits estimés, et pour une cloche en verre coulé destinée à remplacer les cloches en métal. MM. Houtard et Cie se livrent depuis quelque temps seulement aux essais propres à rendre cette production manufacturière.

9e Section. — **M. DE BETTIGNIES** (Maximilien), à *St-Amand-les-Eaux.*

Expose :

Divers Objets en porcelaine et en faïence.

Seul en France, **M. DE BETTIGNIES** se livre à la fabrication de la porcelaine tendre, dite aussi porcelaine à fritte ou porcelaine française (1).

Le désir d'imiter les rares produits du vieux Sèvres l'a maintenu dans cette voie, l'a poussé à modifier la composition des porcelaines que sa famille produit à Tournay depuis 1761.

Profitant habilement des qualités propres à cette espèce de porcelaine, que ne partage pas comme elle la porcelaine dure à base de Kaolin et à vernis feldspathique, M. de Bettignies confectionne des objet d'une consommation courante, des services de table, résistant bien au choc, et des vases de luxe sur la glaçure desquels la peinture se fond et s'harmonise parfaitement.

A cette fabrication est annexée la poterie commune, celle des faïences à couverte opaque et stanifère. Il emploie dans ses ateliers, d'une manière continue, 100 ouvriers, entretient en activité une machine à vapeur de la force de dix chevaux, et atteint annuellement un chiffre d'affaires de 150,000 francs ; déduction faite de le valeur donnée à ses produits par la décoration artistique qui se fait à Paris.

---

(1) La Manufacture de Sèvres a repris nouvellement ce genre de travail.

Les rapports favorables de la Société impériale d'agriculture, sciences et arts de Valenciennes, de la Société d'encouragement pour l'industrie nationale, les récompenses qu'il a obtenues, en 1849, à Paris, une médaille de bronze; en 1851, à Londres, une médaille de prix avec approbation spéciale, mettent suffisamment cet industriel en évidence.

Dire ses succès, c'est dire qu'il est parvenu à vaincre les difficultés telles que celles de la préparation des frittes, de la cuisson, de la mise en vernis qui ont rebuté les anciens fabricants.

CLASSE XXII.

Industrie des lins et des chanvres.

La fabrication des étoffes est un ancien titre de gloire de Valenciennes ; nous avons eu l'occasion de dire l'état florissant de ses fabriques de tissus de laine au XVe et au XVIe siècle, puis les causes de leur anéantissement presque complet.

Commencée avec le quatorzième siècle, la fabrication des *toilettes* ou *batistes* a conquis une réputation qui s'est répandue dans le monde entier et qu'elle est parvenue jusqu'ici à conserver malgré les efforts des nations rivales pour la détrôner. Malheureusement, nous devons l'avouer, la décadence du tissage du lin, quoique lente, est manifeste. Les perfectionnements mécaniques, tant encouragés parce qu'ils permettent de satisfaire l'œil à meilleur marché semblent devoir étouffer la production de ces fins tissus non moins parfaits que durables. Valenciennes a résisté plus que les autres centres de production aux exigences du commerce ; les négociants de la localité auraient voulu maintenir les anciens errements ; le fil mécanique s'introduit malgré toutes les résistances et précipite la ruine de notre vieille industrie. Personne ne l'ignore, avec le fil mécanique le caractère des batistes d'autrefois disparaît, on recherche en vain dans les tissus qu'on en obtient, le brillant, le perlé, le soyeux, la couleur, cachets inimitables de l'emploi du fil à la main. C'est avec une secrète douleur que nous assistons à l'agonie d'une illustration valenciennoise qui s'éteint. Nos lins de fin, si souples, si beaux, que les terres des cantons de Bouchain et de Saint-Amand produisaient de qualité exceptionnelle, qui sortaient sans altération de nos routoirs, que nos habiles teilleurs rendaient si propres, que nos fileuses transformaient en fil si régulier et si délicat, ces lins, moins abondamment cultivés, iront, où déjà l'intérêt les appelle, en Angleterre, en Belgique et en Amérique. Le tisserand, dont l'habileté s'émousse, dont la main se gâte en passant de la batiste à la gaze, de la gaze à la mousseline, perdra les anciennes traditions, et bientôt, si rien n'arrête ce fâcheux entraînement, on le verra achever son existence en s'adonnant au tissage des mérinos et des mousselines laines. C'est un fait remarquable que ce qui entretient l'activité de la plupart de nos manufactures, l'inconstance du luxe, la versatilité de la mode de notre époque, soit précisément ce qui entrave et ruine la production de la belle et solide batiste. Le jury départemental de 1844 déclarait que la rude concurrence faite par l'Angleterre à la France pour les batistes communes paralysait l'exportation, et que nos relations avec l'Inde et l'Amérique ne sauraient se rétablir qu'à la faveur d'un Draw-Back qui serait accordé à la sortie des batistes. C'était le seul moyen équitable que le jury reconnût propre à conserver l'importance de cette industrie et à assurer le travail des 3,500 ouvriers qu'elle emploie.

Ce vœu du jury départemental serait encore reproduit à propos aujourd'hui. Cette population de mulquiniers, travaillant à domicile dans les campagnes, est digne de toutes les sympathies. Les opérations complémentaires de la fabrication des batistes, le blanchiment, l'apprêt, l'impression dans lesquelles Valenciennes a excellé, occupent aussi un grand nombre d'ouvriers. Tous les éléments nécessaires pour faire revivre activement ces fabriques se rencontrent toujours dans le pays. Une industrie nationale qui, sur son déclin, jette encore assez d'éclat pour servir de modèle aux peuples les plus avancés dans la filature et dans le tissage des fibres végétales, et dont la production, toute considérable qu'elle reste, ne paraît réduite que comparativement à sa splendeur passée, doit mériter appui et encouragement.

A côté des fils de lin à dentelle, si déliés et d'un travail si minutieux que leur valeur est double de celle de l'or, nous voyons dans l'arrondissement des corderies préparer avec le chanvre et l'aloès des câbles de la plus forte dimension. Les houillères du Nord ne sont pas seules à les utiliser, la plupart des mines de charbon de terre en France demandent à Valenciennes des câbles pour leur extraction.

Le Comité local a vu avec satisfaction que ces industries seraient dignement représentées à l'Exposition universelle. Il a admis :

MM. CHAVATTE, fabricant de lin à *Hasnon*.

GROUPE DE VINGT CULTIVATEURS, fabricants de lin à *Hasnon*.

DE MOT et Cie, fabricants de câbles à *Valenciennes*.

DELAME-LELIÈVRE et FILS, fabricants de batiste à *Valenciennes*.

GODART et BONTEMPS, FRÈRES, à *Valenciennes*.

3e Section. — GROUPE DE VINGT FABRICANTS DE LIN, d'*Hasnon*, représenté par M. DELCROIX (François).

EXPOSENT EN GROUPE :

Lin teillé ;

Lin non teillé ;

Fil de lin ;

Toile de lin.

Les terres arables de l'arrondissement de Valenciennes, surtout celles des cantons de St-Amand et de Bouchain, se sont montrées de tous temps propres à la culture des lins.

Dans les XVe et XVIe siècles, quand la fabrication des batistes et celle des dentelles étaient dans toute leur activité, les lins de fin récoltés, rouis, filés et préparés dans le pays alimentaient les nombreux métiers de Valenciennes.

Quoique la betterave ait généralement remplacé le lin, la commune d'Hasnon, plus particulièrement, conserve encore et cette culture et ce commerce.

Le rouissage, le teillage, le filage et le tissage du lin y sont suffisamment pratiqués pour donner du travail à 300 ouvriers environ, et pour assurer un chiffre d'affaires de 200,000 francs.

M. CHAVATTE (Henri), à *Hasnon.*

Expose :

Lin teillé.

M. Chavatte a été admis à exposer isolément en raison de l'importance relative de son travail et des soins qu'il y apporte.

4e Section. — **MM. DE MOT et Cie**, fabricants de câbles à *Valenciennes.*

Exposent :

Câbles pour l'extraction de la houille.

MM. de Mot et Cie possèdent au Vert-Gazon, banlieue de Valenciennes, une corderie mécanique ayant une succursale à Hornu (Belgique). L'établissement de Valenciennes, dirigé par M. Nautz, confectionne, à l'aide de machines importées d'Angleterre, des câbles plats en chanvre ou en aloës, à section décroissante, qui paraissent avoir sur les câbles ordinaires une supériorité marquée. L'égalité de tension des fils, l'égale tension des torons est assurée par la marche de l'appareil; la diminution graduelle de la section, tout en réduisant le poids des câbles, conserve néanmoins à toutes les parties une force proportionnée à l'effort que chacune d'elles a à supporter; enfin la solidité de l'assemblage des câbles plats est garantie par la manière dont une machine surmonte les difficultés de cette opération délicate.

Les nombreuses relations de **MM.** de Mot et Cie avec les houillères de toutes les parties de la France justifient la réputation de leurs câbles. Excepté la Compagnie d'Anzin, qui fabrique pour ses besoins, toutes les mines du Nord s'y approvisionnent; celles de Blanzy, de Commentry, de Decize, d'Epinac, de la Loire, de Ronchamps et Champagney y font régulièrement leurs achats.

Cette utile et intéressante production pour le pays s'élève à une valeur de 400,000 francs par an.

7e *Section*. — **MM. DELAME-LELIÈVRE** et F$_{ILS}$, fabricants de batistes à *Valenciennes* (maison à Paris).

E$_{XPOSENT}$:

Batistes et Linons en fil de lin filé à la main, tant en pièces qu'en mouchoirs, blancs, imprimés, ouvragés et brodés.

Cette maison, fondée en 1790, se livre, comme toutes celles de Valenciennes, plutôt au commerce des batistes qu'à la production proprement dite de ces tissus. C'est cependant à leur initiative, à leurs exigences que sont dus la finesse, la régularité et le brillant de nos batistes, qualités jusqu'ici inimitables. C'est à leurs frais et sous leur surveillance que se font le blanchîment, l'apprêt, l'impression et la broderie.

On peut donc, avec raison, attribuer à ces maisons, dont les relations sont depuis longtemps établies avec les deux mondes, l'honneur de conserver à nos pays une industrie des plus intéressantes et aussi renommée à juste titre.

MM. D$_{ELAME}$-L$_{ELIÈVRE}$ et Fils, dont l'importance des affaires s'élève au chiffre de 700,000 fr. par an, ont obtenu à l'Exposition nationale de 1849 une médaille de bronze et une pareille médaille à l'Exposition universelle de 1853. Les pièces qu'ils exposent en 1855 soutiendront la réputation qu'ils se sont acquise.

MM. Auguste **GODARD** et **BONTEMPS** Frères, fabricants de batistes à *Valenciennes* (maison à Paris).

Exposent :

Batistes en fil à la main écrues, blanches et imprimées.

Batistes en fil mécanique écrues, blanches et imprimées.

MM. Godard et Bontemps sont à Valenciennes à la tête d'une maison dont l'importance n'est pas moindre que celle de MM. Delame-Lelièvre et Cie. Ils se livrent, depuis 1847, à la fabrication des batistes en fil mécanique.

Les Expositions qui ont précédé ont été pour MM. Godard et Bontemps l'occasion de récompenses méritées. En 1839, une médaille de bronze ; en 1844, rappel de la même médaille ; en 1849, une médaille d'argent ; à Londres, en 1851, une mention honorable.

Un bon accueil devait être réservé à de pareils antécédents.

CLASSE XXIII.

INDUSTRIE DE LA BONNETERIE, DES TAPIS, DE LA PASSEMENTERIE, DE LA BRODERIE ET DES DENTELLES.

Après avoir évoqué en nous le souvenir du travail des tapis de haute lisse, pour lequel les Pays-Bas et Valenciennes en particulier avaient acquis une juste célébrité au seizième siècle, célébrité que la manufacture impériale des Gobelins porte aujourd'hui si haut. cette Classe nous montre encore un produit qui a jeté au loin le nom de Valenciennes et que la mode a sacrifié. La vraie dentelle de Valenciennes a eu une existence plus courte que la batiste dont le sort paraît attaché aux mêmes circonstances. Trop de fini dans le travail, trop de durée servent mal le luxe à bon marché et les caprices de la mode. On n'aime plus de nos jours les dentelles qui se transmettent par testament.

Créée à la fin du seizième siècle, cette dentelle avait été accueillie avec assez de faveur pour devenir l'objet d'une fabrication importante. Elle occupait à son apogée 4,000 ouvrières ; en 1778 Valenciennes comptait encore 2,000 dentellières ; 1,000 en 1789 ; leur nombre était réduit à 250 en 1798 ; on l'estimait de 300 en 1825. Maintenant les quelques octogénaires qui nous restent ont cessé tout travail. Le moment est venu de faire quelques élèves si l'on tenait à conserver la tradition d'une fabrication qu'on ne nous blâmera pas de louanger.

M. Aubry, dans son remarquable rapport de la Commission française à Londres, dit : « La perte la plus grande que nous » ayons faite, est celle de la fabrique de Valenciennes..... Ces » dentelles n'avaient aucune concurrence à redouter ; elles » étaient inimitables ailleurs que dans les murs de cette ville. » Celles qui aujourd'hui portent ce nom sont bien loin d'approcher » cher de la perfection, de la finesse, et surtout de la solidité » des premières, dont la renommée s'étendait dans toutes les » cours de l'Europe, où elles étaient désignées sous le nom » *d'éternelles valenciennes.* Quand on pense, dit-il plus loin, » que la dentelle qui se travaillait à Valenciennes et qui a con- » servé ce nom, est maintenant la base principale du commerce » des dentelles blanches, qu'elle est entrée dans la consom- » mation générale de tous les pays, et que la France seule en » achète en Belgique pour plus de 12 millions par an, on ne » peut s'empêcher de déplorer amèrement pour notre pays la » perte de cette belle fabrique, qui est aujourd'hui la branche » la plus importante et la plus florissante de l'industrie belge. »

Si les regrets par lesquels se traduit l'opinion d'un consciencieux appréciateur trouvaient de l'écho à Valenciennes, on comprendrait que le moment de ne pas les laisser stériles ne pourrait plus être de beaucoup différé. Mais il ne faut pas se le dissimuler, l'intérêt pécuniaire ne devrait pas être le principal mobile de cette résurrection. Notre dentelle à mailles carrées, très-fine et très-serrée, se fabrique sur le carreau avec une multitude de fuseaux; sa main-d'œuvre est des plus lentes et des plus difficiles ; le salaire journalier s'est élevé autour de nous à un taux que le prix de la dentelle ne couvrirait qu'à grand'peine ; si l'on ajoute que le fil de lin qui la forme était un fil retordu à trois brins d'une valeur excessive, qu'au moment de la splendeur de cette fabrication, la culture du lin, sa préparation, le filage au rouet et à la quenouille se pratiquaient sur le territoire (1), on se rendra facilement compte des difficultés qu'une pareille entreprise aurait aujourd'hui à surmonter. En 1801 les efforts de M. Dieudonné, préfet du Nord, échouèrent; un nouvel essai tenté plus tard a été abandonné en 1848 ; un zèle, un amour-propre tout patriotiques, ou une administration publique qui saurait profiter des leçons du passé, pourraient seuls triompher de tous les obstacles.

La broderie *au plumetis*, *au crochet*, *au passé*, est restée en honneur dans certaines communes de l'arrondissement; le village d'Aulnoy renferme une population qui s'y consacre presque toute entière. Par l'intermédiaire de commissionnaires, les négociants de Saint-Quentin y font exécuter de leurs dessins. Valenciennes possède quelques maisons dont les articles de broderie sont le principal commerce. M. Baissez, allié à la famille des Chauwin, rappelle par ce nom l'un des inventeurs de la dentelle de Valenciennes. Portant à la broderie les soins que ses ascendants avaient donnés à la fabrication et au commerce des dentelles, M. Baissez-Chauwin soutient dignement cette branche de nos industries de luxe.

On s'occupe activement aussi autour de nous de la confection de produits moins riches mais plus nécessaires, la bonneterie de laine. Saint-Amand est le lieu où cette fabrication a pris le plus d'extension. On n'y produit pas pour moins de 700,000 francs de valeur en objets de laine usuels, de toute espèce.

Le Comité local a inscrit dans cette classe les noms des représentants les plus dignes de ces industries, ce sont :

MM. MACQUET - DUWELZ , fabricant de bonneterie à *Saint-Amand.*

BAISSEZ - CHAUWIN , fabricant de broderies à *Valenciennes.*

---

(1) Le blanchissage du fil, seul, s'effectuait par habitude à Anvers. La direction des fermes générales autorisait cet envoi, sauf à représenter, dans un certain délai, les deux tiers de la quantité de fil sorti. On admettait conséquemment un tiers de déchet au blanchissage.

3° Section. — **M. MACQUET-DUWELZ,** fabricant de bonne·
terie à *St-Amand-les-Eaux.*

EXPOSE :

Bonneterie de laine tricotée et fabriquée au métier.

M. MACQUET-DUWELZ dirige cette fabrique avec intelligence ;
chez lui le travail de la laine est complet : reçue brute, elle est
lavée, peignée, teinte, filée et tissée au métier, ou tricotée à la
main.

C'est l'établissement de ce genre le plus important du département du Nord : seul, il livre annuellement à la consommation,
en gilets, jupons, bas, pour une valeur de 200,000 francs, à peu
près le tiers de la bonneterie qui se fait à St-Amand ; aussi
M. Macquet-Duwelz peut-il occuper 106 ouvriers en atelier, et
procurer du travail à 300 familles au dehors.

Cette fabrique existe depuis trente et un ans; ses utiles produits n'ont figuré à aucune Exposition.

6° Section. — **M. BAISSEZ-CHAUWIN,** fabricant de broderies à *Valenciennes.*

EXPOSE :

Robe de tulle brodé et broderies diverses.

M. BAISSEZ-CHAUWIN n'a pas d'ouvriers en atelier; il emploie
200 ouvriers et ouvrières à la façon, en leur procurant le tulle,
la mousseline ou autre tissu, le coton et les dessins. Le goût, la
beauté et la perfection du travail lui sont tout à fait imputables.

Cette maison, ancienne dans le pays (1814), a obtenu en 1835
une mention honorable à l'Exposition de Valenciennes. Elle se
distingue par le bas prix et par le genre particulier de ses
produits.

La tâche du Comité de l'arrondissement de Valenciennes est accomplie. MM. les Membres du Jury international trouveront dans les termes consciencieusement mesurés qui justifient ses admissions les éléments d'une saine appréciation, des faits de nature à éclairer leur religion sur le mérite des Exposants.

Puisse l'admiration enthousiaste que nous avons montrée dans l'exposé de nos forces productives, admiration provoquée et constamment entretenue par des chiffres qui marquent notre puissante intervention dans la richesse publique, puisse-t-elle recevoir, dans les récompenses obtenues par Valenciennes, une sanction qui, partout, autour de nous comme au loin, fasse comprendre et partager le sentiment qui nous anime.

Le Rapporteur,

Edmond PESIER.

Ce Rapport a été adopté le 2 juillet 1855 par le Comité réuni en assemblée spéciale ; l'impression en a été ordonnée.

POUR LE COMITÉ DE L'ARRONDISSEMENT DE VALENCIENNES :

Les Membres du bureau ,

D. BLANQUET , président ; Edouard GRAR , vice-président ; Numa GRAR et BOUTON , secrétaires ; Edmond PESIER , rapporteur.

Liste alphabétique des Exposants

TABLE DES MATIÈRES

CLASSE IV. — *Mécanique générale appliquée à l'Industrie.*

CLASSE V. — *Mécanique spéciale et Matériel des chemins de fer et autres modes de transport.*

CLASSE VI. — *Mécanique spéciale et Matériel des ateliers industriels.*

CLASSE VIII. — *Arts de précision, Industries se rattachant aux Sciences et à l'Enseignement.*

CLASSE IX. — *Industries concernant l'emploi économique de la Chaleur, de la Lumière et de l'Electricité.*

CLASSE XVIII. — *Industries de la Verrerie et de la Céramique.*

CLASSE XXII. — *Industries des Lins et des Chanvres.*

CLASSE XXIII. — *Industries de la Bonneterie, des Tapis, de la Passementerie, de la Broderie et des Dentelles.*

9 782329 813950